盲人定向行走训练指导师培训教材

中 国 残 疾 人 联 合 会
CBM中国项目协调办公室

华夏出版社

项目组织委员会

主　　任　程　凯：中国残联副理事长
委　　员　尤　红：中国残联康复部主任
　　　　　曹跃进：中国残联康复部副主任
　　　　　胡向阳：中国聋儿康复研究中心副主任
　　　　　杨津惠：中国残联康复部一处处长
　　　　　陈　媛：中国残联康复部一处副处长
　　　　　蔡迎红：CBM 中国项目协调办公室主任
　　　　　王茂强：CBM 中国项目协调办公室项目官员

项目专家委员会

组　　长　彭霞光：中央教育科学研究所特教室副主任、
　　　　　　　　　国际视障协会东亚区副主席中国主席
成　　员　李美美：香港盲人辅导会复康中心主任
　　　　　余国鸿：香港盲人辅导会复康训练部门主任
　　　　　韩　萍：北京联合大学特殊教育学院副院长
　　　　　李泽慧：南京特殊教育职业技术学院副教授
　　　　　王保华：国家康复器械质量监督检验中心主任
　　　　　陈　媛：中国残联康复部一处副处长

本书编写委员会

主　　编　沈剑辉：南京特殊教育职业技术学院副教授
编 写 者　（以编写章节为序）
　　　　　沈剑辉：南京特殊教育职业技术学院副教授
　　　　　丁昌林：南京特殊教育职业技术学院副教授
　　　　　钟经华：北京联合大学特殊教育学院教授
　　　　　蒋建荣：南京特殊教育职业技术学院副教授
　　　　　郭　俊：南京特殊教育职业技术学院助理讲师
　　　　　曹卫红：南京特殊教育职业技术学院副教授
　　　　　吴洪菊：南京特殊教育职业技术学院副教授
　　　　　周苗德：南京特殊教育职业技术学院高级讲师
　　　　　蒋科星：南京特殊教育职业技术学院助理讲师
　　　　　李志军：南京特殊教育职业技术学院助理讲师
　　　　　张　健：上海视力残疾人学校教师
　　　　　向廷富：四川省泸州市合江县残联原理事长
　　　　　戴菊华：江苏省宜兴市残联干部
　　　　　高　冰：江苏省无锡市崇安区残联副理事长
　　　　　范莉莉：南京特殊教育职业技术学院助理讲师
示范动作　黄琳舒　仲晨阳　沈倩倩

代　　序

　　根据 2006 年第二次全国残疾人抽样调查结果推算，我国有视力残疾人 1233 万（不包括多重残疾中含有视力残疾的 458 万），占残疾人总数的 14.86%，全国每年新增视力残疾人 25 万。这是一个数量众多，特别需要帮助的特殊群体。

　　"走出家门，自如行走"，一直是广大视力残疾人的一个梦想。由于绝大多数视力残疾者没有接受过专门的定向行走训练，缺乏正确的行走姿势和行走技能，外出往往需要依赖明眼人的帮助。独立行走能力的缺失极大地限制了视力残疾者的活动范围，致使他们难以走出家门、融入社会，成为社会生活中最困难的群体之一。视力残疾者能否顺利地出行是他们生存发展的最基本条件，也是他们应当享有的最基本的权利。"盲人定向行走训练"是训练视力残疾者学会独立、安全、自如行走的有效方法。科学、规范地掌握定向行走技能对视力残疾者而言意义重大。

　　为贯彻落实国务院批准的《中国残疾人事业"十一五"发展纲要》和《视力残疾康复"十一五"实施方案》，提高定向行走训练服务的专业化水平，科学、规范地推进"盲人定向行走训练"工作，让更多的视力残疾朋友自信地走出家门、融入社会，中国残疾人联合会与国际克里斯多夫防盲协会（CBM）联手专业机构，共同完成了《盲人定向行走训练指导师任职标准》、《国家盲杖标准》、《盲人定向行走训练效果评估标准》和《盲人定向行走训练指导师培训教材》的研究与编制工作，初步建立起国内"盲人定向行走训练"工作的技术标准体系。这一系列标准和教材的研制工作在国内视力残疾康复教育领域，是具有开创性的，填补了国内"盲人定向行走训练"工作技术标准的空白。《盲人定向行走训练指导师任职标准》为国内开展"盲人定向行走训练"工作制定了从业规范，为创立国家有关助残的新职种奠定了基础；《国家盲杖标准》是一项国家标准，对规范市场、引导企业生产、确保盲杖质量、促进相关行业健康发展，可以起到重要的指导作用。《盲人定向行走训练效果评估标准》和《盲人定向行走训练指导师培训教材》为确保社区"盲人定向行走"康复训练质量提供了技术保障。在国内"盲人定向行走训练"工作起步之际，上述标准和教材的研究成果从专业人员业务培养、工作内涵、康复训练效果、辅助器具生产等层面加以规范，必将引导"盲人定向行走训练"工作走上科学、规范的轨道。

《中国残疾人事业"十一五"发展纲要》提出，"十一五"期间全面开展"盲人定向行走训练"工作，并对3万名盲人进行定向行走训练。当前和今后一个时期我们必须围绕实现残疾人"人人享有康复服务"的目标，积极推进"盲人定向行走"和创建无障碍环境两项重点工作，着力加强"五个结合"，即"盲人定向行走"与社区康复相结合、与盲协日常工作相结合、与盲校教学工作相结合、与盲人就业培训相结合、与CBM合作项目相结合，充分发挥这三个标准和培训教材的作用，在原有试点的基础上，更加广泛、科学、规范地开展"盲人定向行走训练"工作。

标准制定和教材编写工作得到了中国残疾人联合会和专家组的高度重视和支持，专家组在收集国内外丰富的文献资料基础上，还进行了大量的调研、论证和试验评估工作。研究成果切合我国残疾人康复和特殊教育工作实际，操作性强，具有一定的学术价值和应用价值。

"盲人定向行走训练"工作在国内尚处于探索阶段，标准制定和教材编写属于开创性工作，不足之处在所难免，欢迎各界人士对标准和教材提出宝贵意见和建议。

2008年3月15日

前　言

全国第二次残疾人抽样调查显示，目前我国有视力残疾人1233万。其中绝大多数的视力残疾人没有受过正规的、科学的定向行走训练，这使他们的活动范围受到极大限制，在入学、就业和参与社会生活方面存在很多困难。依据中国残疾人联合会《视力残疾康复"十一五"实施方案》和《盲人定向行走训练"十一五"实施办法》的要求，"十一五"期间，我国将对3万名盲人（本书内容涵盖低视力者，所以文中统称为视力残疾人）进行定向行走训练。为了满足广大视力残疾人定向行走的需求，实现2015年视力残疾人"人人享有康复服务"的目标，中国残疾人联合会与国际克利斯多夫防盲协会（CBM）合作，培训社区盲人定向行走训练指导师，研制适合中国大陆定向行走训练指导师的全国统一教材，保证定向行走训练指导师的培训质量。

本教材根据《盲人定向行走训练指导师任职标准》，结合《盲人定向行走训练效果评估标准》和《国家盲杖标准》，从定向行走概论、相关医学基础知识、定向技能训练、行走技能训练、无障碍设施与助行方法、定向行走在实际生活中的应用、定向行走训练的实施、定向行走培训中的人际沟通等八个方面介绍定向行走的知识与技能。本教材立足于以初中文化程度为起点的读者群，内容通俗易懂，图文并茂，科学规范，注重理论和实践的有机结合。用本教材培训，学员能较快掌握定向行走的基本知识和基本技能，能在今后的工作中帮助视力残疾人形成正确的时间和空间概念，使经过训练的视力残疾人基本做到在熟悉环境中安全、有效、自然、独立地行走，提高视力残疾人的社会适应能力，使之走出家门，走出自信，走出尊严，平等参与社会生活，实现自我价值。

根据《盲人定向行走训练指导师任职标准》的三级标准，本教材划分了三级内容，三级定向行走训练指导师必须学习基本内容，以后各级内容顺次递增，教材中分别用"△"、"☆"标注二级和一级训练指导师必学内容。标注"△"的内容，为二级训练指导师在学习基本内容后的必学内容；标注"☆"的内容为一级训练指导师在学习二级内容后的必学内容。教材还在《附录三》中列出了各级指导师研修书目，以满足不同层次定向行走从业人员学习、提高的需要。

本教材是中残联和 CBM 的合作项目，由南京特殊教育职业技术学院沈剑辉副教授全面负责编写工作。在编写过程中得到中残联康复部康复一处杨津惠处长、陈媛副处长，中央教育科学研究所彭霞光副研究员、北京联合大学特殊教育学院韩萍副院长、南京特殊教育职业技术学院李泽慧副教授、CBM 中国项目办公室王茂强先生的悉心指导。同时还得到南京特殊教育职业技术学院丁勇院长、谢明副院长、谈秀菁副教授、北京师范大学钱志亮副教授的关心和支持。南京特殊教育职业技术学院的周苗德高级讲师、李泽慧副教授、蒋建荣副教授、丁昌林副教授、曹卫红副教授、吴洪菊副教授、范莉莉助理讲师、郭俊助理讲师、蒋科星助理讲师、李志军助理讲师，北京联合大学钟经华教授，上海视力残疾人学校张健老师参加了编写工作。四川泸州向廷富、江苏无锡高冰、江苏宜兴戴菊华提供了有关资料。本教材在采集图片中由黄琳舒、仲晨阳、沈倩倩等做示范动作，在此一并致谢！

由于时间仓促，书中难免有不妥之处，恳请同行指正，以便在教学实践中继续修订，以臻完善。

南京特殊教育职业技术学院

沈剑辉

2007 年 12 月 28 日于南京

目 录

第一章 概 论 ……………………………………………………………………（1）

第一节 定向与行走概述 …………………………………………………（1）
一、定向、行走及其关系 ………………………………………………（1）
二、定向行走指导师的职业定义与守则 ………………………………（2）

第二节 定向行走训练的意义 ……………………………………………（2）
一、心理健康方面 ………………………………………………………（2）
二、身体方面 ……………………………………………………………（2）
三、学习与言语发展方面 ………………………………………………（3）
四、日常生活技能方面 …………………………………………………（3）
五、就业方面 ……………………………………………………………（3）
六、真实感方面 …………………………………………………………（3）

第三节 影响视力残疾人定向行走训练的因素 …………………………（3）
一、概念准备 ……………………………………………………………（3）
二、心理需求 ……………………………………………………………（4）
三、生活环境 ……………………………………………………………（4）
四、视力丧失程度、失明时间 …………………………………………（4）
五、年龄及身体状况 ……………………………………………………（4）
六、亲友的态度 …………………………………………………………（4）
七、指导师的态度 ………………………………………………………（5）
八、生活经历 ……………………………………………………………（5）

第二章 相关医学基础知识 …………………………………………………（6）

第一节 眼科学 ……………………………………………………………（6）

  一、视觉器官的结构与功能 …………………………………………… (6)
  二、视觉的形成 ………………………………………………………… (7)
  三、视力残疾的分级与成因 …………………………………………… (8)
  四、眼睛疾病对定向行走的影响 ……………………………………… (9)
 第二节 耳科学 ………………………………………………………… (11)
  一、听觉系统的结构与功能 …………………………………………… (11)
  二、听觉的形成 ………………………………………………………… (13)
  三、听力残疾的定义、分级、种类及成因 …………………………… (13)
  四、听力损失对视力残疾人定向行走的影响 ………………………… (14)

第三章 定向技能训练 …………………………………………………… (16)

 第一节 定向训练准备 …………………………………………………… (16)
  一、认知准备 …………………………………………………………… (16)
  二、感知觉训练 ………………………………………………………… (18)
 第二节 定向训练方法 …………………………………………………… (23)
  一、方向辨别 …………………………………………………………… (23)
  二、阳光定向 …………………………………………………………… (23)
  三、内时钟定向 ………………………………………………………… (23)
  四、外时钟定向 ………………………………………………………… (24)
  五、六点盲文定位 ……………………………………………………… (24)
  六、线索定向 …………………………………………………………… (25)
  七、路标定向 …………………………………………………………… (25)
  八、触觉地图定向 ……………………………………………………… (26)
  九、心理地图定向 ……………………………………………………… (26)
  十、建筑物定向 ………………………………………………………… (26)
  十一、街道门牌编号系统定向 ………………………………………… (27)

第四章 行走技能训练 …………………………………………………… (29)

 第一节 行前准备 ………………………………………………………… (29)
  一、克服行走的心理障碍 ……………………………………………… (29)
  二、步态训练 …………………………………………………………… (30)
  三、直线行走训练 ……………………………………………………… (31)

四、避险与应急防卫 ………………………………………………………（32）
　第二节　行走训练方法 ……………………………………………………………（32）
　　一、导盲随行 ………………………………………………………………（32）
　　二、独行技巧 ………………………………………………………………（48）
　第三节　盲杖与盲杖技巧 …………………………………………………………（55）
　　一、盲杖 ……………………………………………………………………（55）
　　二、盲杖技巧 ………………………………………………………………（59）

第五章　无障碍设施与助行方法 ………………………………………………………（77）
　第一节　无障碍设施概述 …………………………………………………………（77）
　　一、无障碍环境的发展历程 ………………………………………………（77）
　　二、我国无障碍设施的现状 ………………………………………………（77）
　　三、我国推动无障碍设施建设的法规、政策 ……………………………（78）
　　四、盲道及其使用 …………………………………………………………（78）
　第二节　助行方法介绍 ……………………………………………………………（80）
　　一、简易助行器 ……………………………………………………………（80）
　　二、导盲犬 …………………………………………………………………（80）
　　三、电子助行器 ……………………………………………………………（81）

第六章　定向行走在实际生活中的应用 ………………………………………………（82）
　第一节　在家庭生活中的应用 ……………………………………………………（82）
　　一、个人卫生 ………………………………………………………………（82）
　　二、家务劳动 ………………………………………………………………（82）
　　三、休闲娱乐 ………………………………………………………………（83）
　第二节　在社会生活中的应用 ……………………………………………………（83）
　　一、道路行走 ………………………………………………………………（83）
　　二、利用交通工具出行 ……………………………………………………（89）
　　三、到达目的地的活动 ……………………………………………………（95）
　　四、与人沟通 ………………………………………………………………（96）
　　五、异常天气中的行走 ……………………………………………………（97）

第七章　定向行走训练的实施 …………………………………………………………（98）
　第一节　定向行走训练流程 ………………………………………………………（98）

一、筛查登记 …………………………………………………………………（98）
二、制订训练计划 ……………………………………………………………（98）
三、组织实施训练计划 ………………………………………………………（99）
四、定向行走训练评估 ………………………………………………………（99）
第二节　定向行走训练档案 ……………………………………………………（103）
一、建立档案的意义 …………………………………………………………（103）
二、档案的内容 ………………………………………………………………（103）
三、档案的管理 ………………………………………………………………（103）
四、定向行走训练工作用表 …………………………………………………（103）
第三节　定向行走训练方法 ……………………………………………………（103）
一、感知法 ……………………………………………………………………（104）
二、口头指示法 ………………………………………………………………（104）
三、语言描述法 ………………………………………………………………（104）
四、分解法 ……………………………………………………………………（105）
五、整体法 ……………………………………………………………………（105）
第四节　定向行走训练教学实践 ………………………………………………（106）
一、教学实践的意义 …………………………………………………………（106）
二、教学实践的内容 …………………………………………………………（106）
三、教学实践注意事项 ………………………………………………………（106）
四、教学实践活动 ……………………………………………………………（107）

第八章　定向行走培训中的人际沟通 ……………………………………………（108）

第一节　指导师与视力残疾人亲属的沟通 ……………………………………（108）
一、加深了解视力残疾人 ……………………………………………………（108）
二、获得视力残疾人亲属的支持 ……………………………………………（108）
三、求得视力残疾人的信任 …………………………………………………（108）
四、首先培训亲属 ……………………………………………………………（109）
第二节　指导师与视力残疾人的沟通 …………………………………………（109）
一、了解视力残疾人的人格特征 ……………………………………………（109）
二、了解视力残疾人的心理倾向 ……………………………………………（109）
三、与视力残疾人沟通的态度和技巧 ………………………………………（110）

第三节　指导师与社区的沟通 …………………………………………………（111）
　　　一、开展社会宣传 ………………………………………………………………（111）
　　　二、进行转介服务 ………………………………………………………………（111）

附录一：定向行走训练工作用表 ……………………………………………………（113）

附录二：中华人民共和国残疾人保障法 ……………………………………………（127）

附录三：各级指导师研修书目 ………………………………………………………（132）

主要参考文献 …………………………………………………………………………（133）

第一章 概 论

目前,我国 1200 多万视力残疾人中的绝大多数由于未受过正规的、科学的定向行走训练,致使活动范围受到极大的限制,他们难以走出家门,难以上学、就业,难以参与社会生活,以至于成为社会上最困难的群体之一。

"十五"期间的试点工作证明,绝大多数视力残疾人有定向行走的需求,通过定向行走训练可以拓展个体的生活空间,使其能够安全、有效、独立、自然地行走,适应社会、融入社会,从而实现自我价值,成为物质财富的创造者、精神文明的建设者。

第一节 定向与行走概述

一、定向、行走及其关系

劳温费尔德(Lowenfeld)曾指出:失明使失明者在许多方面受到限制,但主要是三个方面:一是所获得的概念范围和种类方面的限制;二是行走能力方面的限制;三是控制环境和在环境中自我控制方面的限制。这三个方面的限制都与定向行走有关。

(一)定向

定向是指个体运用感觉信息,确定自己在环境中的位置、自己与物体之间的关系、物体与物体之间的关系的心理过程。

(二)行走

行走指个体在定向的基础上,从一个地方移动到另一个地方的过程(本教材所指的"行走"泛指"行动"与"移动")。

(三)定向与行走的关系

定向与行走密切相关,定向的目的一方面是为了环境学习和空间认知,更重要的是为行走服务。定向是行走的前提,是行走中方向性、正确性的根本保证,没有定向的行走是典型的"瞎撞";但是如果没有行走,定向再精确,个体也不能到达目的地。所以说行走是定向的目的,定向与行走二者是相辅相成的关系。

二、定向行走指导师的职业定义与守则

（一）职业定义

定向行走指导师是指为视力残疾人（泛指全盲和低视者）提供定向行走训练与技术指导的专业人员。

定向行走从业人员经过培训掌握了定向行走训练的专业知识与技能，经过考核达到了一定的职业标准，可以为视力残疾人提供定向行走训练方法及技术指导，使得受训视力残疾人能够在相对熟悉的环境中安全、有效、独立、自然地行走，因而使得视力残疾人能够适应社会。

（二）职业守则

1. 遵守国家法律、法规。
2. 热爱本职工作，遵循人道、廉洁、服务、奉献的残疾人工作的职业道德，对视力残疾人高度负责。
3. 热情服务，耐心指导。
4. 尊重、理解残疾人，维护残疾人的合法权益。
5. 自觉钻研业务，不断提高专业技术水平。
6. 文明礼貌，遵守礼仪规范。

第二节　定向行走训练的意义

定向行走训练是视力残疾人一生中最重要的技能之一，对他们进行定向行走的训练和指导，旨在帮助他们掌握定向与行走的技能，使他们在相对熟悉的环境中能安全、有效、独立、自然地行走。这是视力残疾人走出家门、接受教育、实现就业的基本前提，更是社会文明进步的重要标志，定向行走对促进个体发展有积极的作用。

一、心理健康方面

失明后视力残疾人的定向行走能力受到极大限制，视力残疾人与明眼人互相交往的机会减少，容易产生性格内向、不合群、幻想、自卑等不健康的心理倾向。对视力残疾人进行定向行走训练，增加其交往的机会，能使他们的心理得到有效康复。

二、身体方面

对视力残疾人进行定向行走训练，可以促进身体各方面功能的全面发展，能有效提高他们的身体素质和运动能力。

三、学习与言语发展方面

视觉的丧失，使得视力残疾人的活动范围相对变小，限制了他们直接接触客观世界的学习机会。提高视力残疾人定向与行走的能力，可以帮助他们扩大学习的空间，增加其直接接触客观世界的机会；同时还可以拓展其经验的范围，提高他们的认知能力，克服其语意不合的现象。

四、日常生活技能方面

定向行走是改进个体日常生活技能，提高生活质量的基本条件。只有在掌握了定向与行走的技能之后，才可能按照自己的意愿，前往自己的目的地，才可能"心想事成"。

五、就业方面

视力残疾人就业一向被认为是最大的难题。视觉的丧失，使他们的定向与行走能力受到了限制，就业面也受到了限制。如果能有效地提高他们的定向和独立行走能力，为他们创造更多的社会交往机会，促进他们的社会学习，就必定能增加他们的就业的机会。

六、真实感方面

明眼人可以依靠视觉真实地感知客观物体的存在，当听到某种声音时，可以利用视觉对发出声音的物体进行观察和证实。视力残疾人由于不能直接感知远方发声的物体，也就无法获得物体的真实感。在他们的印象中，似乎物体都是来自虚无的黑暗世界。所以，提高视力残疾人的定向和行走能力，一方面是为了增加其直接接触客观世界的机会，另一方面是训练他们用听觉等线索来判断物体的性质、了解客观世界。

提高视力残疾人定向和行走的能力意义重大。良好的定向与行走能力有利于促进视力残疾人的身心健康，克服语意不合的弊端，使其更多地了解客观世界，适应社会生活，扩大未来的就业面。视力残疾人只有积极参加社会活动、走向社会、融入社会，才能奉献社会。

第三节 影响视力残疾人定向行走训练的因素

一、概念准备

视力残疾使得个体难以形成正确的概念，概念发展滞后制约了个体心理的健康发展。定向行走训练涉及身体、方位、动作、环境等方面的概念。如果视力残疾人的概念发展较好，他的定向能力就比较强；如果视力残疾人不能正确掌握与定向行走有密切联系的基本概念，就很难做到准确地定向和安全地行走。

二、心理需求

视力残疾人的心理状态直接影响他们定向行走的状况：当他们心情舒畅、自我感觉良好时，在行走中辨认物体就比较容易；当他们心情压抑、感觉厌烦时，辨认能力就降低。视力残疾人对定向与行走的需求决定于其学习定向与行走技能的动机：如果视力残疾人认为定向与行走对其学习、工作、生活十分重要，他们学习的效率就比较高，他们就会千方百计地掌握这一重要技能；反之，不仅会降低学习效率，而且在学习中会产生消极抵抗情绪。因此，健康的心理与向上的需求有助于定向技能的应用和行走能力的发挥。

三、生活环境

环境是视力残疾人重要的参照系统，视力残疾人对环境了解得多，并能利用环境中各种物体建立自我与环境、环境与环境之间的关系，他们定向行走的能力就强。天气变化对视力残疾人定向行走影响较大：晴天时，各种声音听得较清楚；而阴天时，特别是刮风下雨时，各种声音就较难辨认。因此，刮风下雨时，视力残疾人最好不出门，如必须出门，行走时一定要精力集中，最好穿雨衣、不打雨伞。穿雨衣外出时，一定要设法将耳朵露在雨衣外面，否则容易迷失方向，有时会发生危险。打雨伞容易撞碰，应当避免。

四、视力丧失程度、失明时间

视觉能够提供环境的最可靠、最准确的信息，视力丧失，定向及行走能力会相对减弱。剩余视力的充分利用可以提高视力残疾人的定向与行走能力。失明的时间对定向行走有很大的影响，后天失明的人在定向与行走能力方面要明显地优于先天失明的人。因为后天失明的人多留有视觉意象，在定向行走中还能充分发挥已有的视觉意象，可以帮助维持行走方向的正确性。

五、年龄及身体状况

年龄差异对定向行走有很大影响：老人由于功能的退化，儿童由于各方面的功能尚未发育完善，各自限制了他们定向行走技能的发挥；年富力强的视力残疾人则有较强的定向行走能力。当个体身体健康时，嗅觉、听觉都很灵敏，能感知环境中微小的变化；当身体状况不佳时，特别是在感冒咳嗽、头晕鼻塞时，定向能力相对较差，在这种情况下，独立行走就很困难，外出时最好结伴而行。

六、亲友的态度

父母对视力残疾人的态度会严重影响其定向与行走的能力：如果父母持过度保护的态

度，不愿让视力残疾人在环境中独立地移动，视力残疾人一走动就受到阻止，这样就无法使视力残疾人的定向与行走能力得到正常发展。如果父母对视力残疾人持嫌弃的态度，就会把视力残疾人丢在一边，随便让视力残疾人在环境中到处行走，不采取必要的训练与保护措施，则会增加视力残疾人的挫折感，严重地影响其定向与行走能力的发展。父母只有对视力残疾人持正确的态度，既鼓励视力残疾人独立地定向与行走，又提供合理的行走环境、适当的保护措施，才能培养视力残疾人独立定向与行走的能力。

七、指导师的态度

指导师对视力残疾人的态度，一方面直接影响他们定向与行走的训练效果，另一方面又间接影响他们父母的态度。良好的合作会使视力残疾人在环境中行走得更有信心，愿意接受定向与行走的训练；使原来持消极态度的父母也变得支持指导师的工作，改变对视力残疾人的消极态度。

八、生活经历

生活经历丰富与否直接影响视力残疾人的定向技能和行走能力。如果视力残疾人在长期的生活中积累了一定的经验，能够利用视觉、听觉、触觉及嗅觉等进行定向，在定向行走时就可以根据已有的经验判断自己所在的位置，判断何时到达目的地，遇到危险也能够及时防范，定向行走的训练效果当然就好。

（本章作者为南京特殊教育职业技术学院沈剑辉副教授、丁昌林副教授，北京联合大学特殊教育学院钟经华教授）

第二章　相关医学基础知识

在定向行走训练过程中，个体运用感觉信息，确定自己在环境中的位置、自己与物体之间的关系、物体与物体之间的关系，这些感觉信息由特异性、敏感性强的感受器所接收并传入。常见的感觉信息可分为视觉、听觉、触觉、嗅觉、味觉、平衡觉、痛觉、温度觉、运动觉等。视觉与听觉对认知最有意义，其对应的感受器分别是眼和耳。本章重点介绍眼科学和耳科学相关基础知识。

第一节　眼科学

一、视觉器官的结构与功能

视觉器官包括眼球、视路和眼附属器三部分。外界物体的光线进入眼球，经过眼的屈光系统聚焦，在视网膜上成像，物像刺激视网膜上的感光细胞发放神经冲动，神经冲动沿视神经传递到大脑皮质的视觉中枢，产生视觉和视觉反射。视觉产生的过程，是由视觉器官的各个部分共同完成的。在正常情况下，人脑获得的全部信息中，大约有90%以上来自视觉器官，眼无疑是人体最重要的感觉器官之一。（图2-1-1）

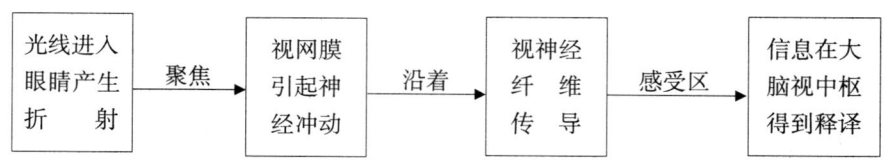

图2-1-1　视觉产生过程

（一）眼球

眼球是眼的主要部分，近似球形，其前后直径（矢状经）约为24mm，上下直径约为23mm，水平横径（额状经）约为23.5 mm。眼球位于眼眶的前部，借筋膜与眶壁相连，并有脂肪垫衬，以减少眼球的震动。

眼球由眼球壁和内容物组成。（图2-1-2）

1. **眼球壁**　眼球壁从外向内分为外膜、中膜和内膜。角膜位于眼球壁的最前部，透明，无血管，有折光作用，易受伤。

2. 眼球的内容物　眼球的内容物包括房水、晶状体和玻璃体。它们都无色透明，无血管，具有透光和屈光作用，与角膜一起构成眼的屈光系统。

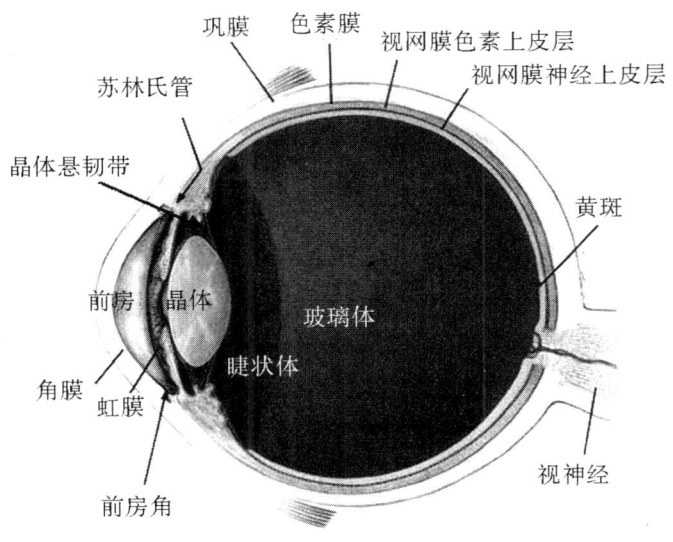

图 2-1-2　眼球的结构

（二）视神经与视路

1. 视神经　视网膜神经节细胞发出的神经纤维，汇集成视乳头，然后穿过筛板出眼球，形成视神经。
2. 视路　从视网膜到大脑枕叶视中枢的线路称为视路。视网膜神经节细胞发出的神经纤维，汇集成视神经，入颅腔后形成视交叉向后延续为视束，视束终止于外侧膝状体，外侧膝状体内神经元的轴突组成视放射，到达大脑枕叶纹状区的视中枢。

（三）眼附属器

眼附属器也就是眼球的辅助装置，包括眼睑、结膜、泪器、眼外肌和眼眶。它们主要对眼球起保护、支持、湿润和营养等作用，并使眼球产生运动。

二、视觉的形成

视觉是由视觉器官共同活动完成的。眼是视觉的外周器官，眼的功能可归纳为屈光成像和感光换能两部分。屈光成像是由眼的屈光系统来完成的。

（一）眼的屈光系统

眼的屈光系统也称折光系统，由角膜、房水、晶状体和玻璃体组成。光线经多个折射面才到视网膜。它们主要是空气-角膜界面，房水-晶状体界面、晶状体-玻璃体界面。其中空气与角膜之间的折射率最大，角膜又近似球形，曲度大，故光线经空气-角膜界面的折射最强。

（二）视觉的形成过程

视觉形成的过程可以概括如下：物体反射到眼内的光线经屈光系统的屈光作用，在视网膜上形成物像。视网膜神经细胞通过感光换能作用把光刺激转换为神经冲动，经视路把神经冲动传递到视觉中枢，视觉信息经视觉中枢处理后就形成了视觉。

三、视力残疾的分级与成因

（一）视力、视力残疾的定义与分级

1. 视力　是指眼分辨物体细微结构的能力，以能分辨空间两点的最小距离为衡量标准。5 米或 5 米以外的视力称远视力，距离 30 厘米阅读时的视力称近视力。

2. 视力残疾　是指由于各种原因导致双眼视力低下并且不能矫正或视野缩小，以致影响个体的日常生活和社会参与。视力残疾包括盲和低视力。

3. 视力残疾分级　一般分盲和低视力两类。

（1）世界卫生组织（WHO）制定的标准（1973 年制定）：见表 2-1-1。

表 2-1-1　世界卫生组织制定的标准

类别	级别类别	最佳矫正视力值
低视力	1	<0.3～0.1
	2	<0.1～0.05（2.5m 指数）
盲	3	<0.05～0.02（1 m 指数）
		或视野半径＜10 度
	4	<0.02～无光感
		或视野半径＜5 度
	5	无光感

（2）中国标准（第二次全国残疾人抽样调查视力标准）：见表 2-1-2。

表 2-1-2　中国制定的标准

类别	级别	最佳矫正视力
盲	一级盲	无光感～＜0.02；或视野半径＜5 度
	二级盲	≥0.02～＜0.05；或视野半径＜10 度
低视力	三级	≥0.05～＜0.1
	四级	≥0.1～＜0.3

注：

1. 盲或低视力均指双眼而言，若双眼视力不同，则以视力较好的一眼为准。如仅有单眼为盲或低视力，而另一眼的视力达到或优于 0.3，则不属于视力残疾范畴。

2. 矫正视力是指以适当镜片矫正所能达到的最好视力，或以针孔镜所测得的视力。

3. 视野半径＜10度者，不论其视力如何均属于盲。

△（二）视力残疾原因分析

1. 先天原因　导致先天性视力残疾的原因很多，主要有：无眼球、小眼球、角膜浑浊、虹膜缺损、视神经缺损、黄斑缺损、白内障、青光眼、家族性视神经萎缩、视网膜色素变性等。依据遗传性可分为以下4个方面。

（1）家族遗传：家族遗传是指父系或母系中有一方或双方存在显性或隐性的致盲因素，而将其遗传给后代。在一些发达国家，遗传性眼病已成为主要的致盲原因。

（2）近亲结婚：近亲结婚是指直系血亲和三代以内的旁系血亲的婚姻关系。从遗传学角度讲，近亲结婚容易造成隐性遗传的发病。根据一些调查资料表明，近亲结婚所生的子女，遗传病的发病率比非血缘婚姻高150倍。

（3）围生期的影响：在患儿出生前后某个特定时期的高危因素，可引起视力残疾的发生。可以预防的常见高危因素指母亲在妊娠期药物中毒、营养不良或患有其他疾病及临产时因难产而使胎儿缺氧等，致使胎儿先天发育不良，造成视中枢或眼球发育不良或其他眼疾。例如：母亲甲状腺功能低下，可导致胎儿小眼球、眼球震颤等眼疾；母亲怀孕早期受风疹病毒感染，可使胎儿患先天性白内障、小眼球等。

（4）未知的其他因素：在先天性因素中，还有许多先天视力残疾的原因，由于目前科技水平的限制尚无法确定，这种情况在先天性因素中占有很大比例。

2. 后天原因　后天原因比较清楚，应当引起足够的重视而且严加防范。

（1）视觉器官的疾病：视觉器官的疾病大致有眼球的屈光不正、眼球震颤、角膜炎、结膜炎、巩膜病变、晶体病变、玻璃体病变、青光眼、沙眼、视网膜色素变性、视神经萎缩等各种眼疾。

（2）全身性疾病：很多全身性疾病都可能在眼部表现出症状。这些全身性疾病主要包括某些传染性疾病和一般性疾病两类。传染性疾病主要有麻疹、风疹、脑炎、肺炎、伤寒、结核病、白喉和猩红热等；一般性疾病主要有糖尿病、高血压、肾炎、贫血及维生素缺乏等。尽管由以上疾病造成的视力残疾所占的比例不高，但仍需要给予足够的重视，以便最大程度地避免此类原因导致的视力残疾。

（3）心因性因素：情绪及心理问题也是导致视力异常的重要因素。短期的情绪困扰往往在视觉功能上引发异常症状，长期的情绪压力对视觉功能会造成更长远的影响。病态的情绪反应甚至会导致完全失明。

（4）眼外伤：眼外伤造成的视力残疾情况较复杂，主要分为严重的外伤和轻伤而严重继发性感染造成的视力损害两大类。各种眼外伤包括炸药和雷管等爆炸物使眼球受伤、机械外伤、化学药物致伤、各种离子辐射伤、微波眼外伤及职业中毒性眼损害等。

☆四、眼睛疾病对定向行走的影响

视力残疾严重阻碍了个体来自视觉的信息，个体无法通过视觉了解环境，无法迅速地将自己与所处的环境建立暂时神经联系，从而造成个体的定向障碍，使个体丧失了行走的最基本的条件。眼睛疾病（如：先天性小眼球或小角膜、白化病、屈光不正、弱视斜视、白内障、青光眼、角膜浑浊、视网膜脱离、视网膜色素变性、视神经萎缩、黄斑变性、视网膜母细胞瘤、眼外伤、眼球震颤等）会导致全盲或低视力。全盲者必须加强定向行走的训练才能有效行走；低视力者还要进行视功能的训练及配戴助视器，以提高视觉效果，发挥视觉功能以助于定向行走。本节主要讨论常见眼病对定向行走的影响。

（一）白内障

白内障的主要症状包括在无痛情况下视力逐渐模糊，对光线敏感，出现复视，需要经常更换眼镜，夜间视力变差，以至看到的物体会褪色或变黄。白内障是由包括遗传、年龄和环境暴露多种因素共同作用而导致的。

在定向行走过程中，由于眼睛随着白内障的发展，视觉可能出现矇眬、模糊不清，可能对光线和强光更加敏感。避免紫外线侵害，有助于延缓白内障的病程。发展中的白内障的症状包括双重影像或模糊的视觉，对光线和强光敏感，不能准确地感知颜色。在家庭或社区加强色彩的对比度，有利于白内障患者的定向与行走。

（二）青光眼

青光眼是由于视觉神经受损而造成的一系列眼部疾病。视觉神经是眼部的主要神经（位于眼球背部），主要负责传输电子脉冲至脑部。损伤通常是由眼房液压力升高造成的。这种损伤会逐步损害视力直至失明。

在定向行走过程中，运动还可以促进血液循环，有助于防止病情的加重。研究显示，每周慢跑、游泳或疾走四次，能使眼压降低20%，也许足以让青光眼患者保全视力。青光眼使得视野变小了，根据视野的不同使用远用或近用助视器，可以扩大视野、提高视力。

（三）黄斑变性

黄斑变性指的是黄斑部损伤或衰弱。如果眼睛仍可看见旁边的物体，通常是因为黄斑的周边（周边视野）尚未受损；一旦受损远近视力皆受严重影响，有中心暗点，易产生炫光。此病多发生于老年人，若不使用特制的弱视矫正器，阅读或近距离工作将很困难或不可能。

在进行定向行走训练时多数患者要求强光，处在进展期的患者需要弱光，同时要避免炫光，这样才有助于发挥剩余视力的作用。

（四）白化病

白化病是一种遗传性色素缺失病，表现为汗毛、头发、眉毛、睫毛都是白色的。眼组织也由于缺乏色素，失去了折光系统的保护，所以进入眼内的光线可全部通过眼球壁反射回来。因此，眼球看上去就像照亮的"灯笼"一样，呈现一片红光。白化病伴有明显的眼球震颤，尚可有斜视。白化病患者常有较严重的屈光不正，高度散光也极为普遍。白化病患者视力严重受损，常低于0.02。

白化病患者可配戴矫正镜、低倍望远镜或近视眼镜。由于怕光（炫光）亦需应用炫光眼镜及遮阳帽或变色镜。

白化病在预防上应尽量减少紫外线辐射对眼睛和皮肤的损害。定向行走训练应避免在阳光下进行。在室外进行训练时，应尽量戴太阳帽、太阳镜，为的是提高剩余视力。

(五) 视网膜色素变性

视网膜色素变性是一种遗传性的慢性疾病，主要症状为夜盲、视野缩小。如果患者远视力经过矫正后视物清晰，则只需低度数的阅读镜，必要时用手持放大镜补偿。如中心视野极小，戴双焦眼镜时患者会感到走路不安全。该眼病患者可倒用望远镜扩大视野，一般需要强照明，在暗处及晚间视力较差，在学习定向行走时要牢固掌握盲杖技巧，才能躲避障碍物。

(六) 视网膜脱离

视网膜脱离是视网膜神经上皮层与色素上皮层的分离。视网膜脱离后色素上皮易游离、萎缩，所以实际上也是视网膜与脉络膜之间的脱离。视网膜脱离后得不到脉络膜的血液供应，视网膜就会变性和萎缩，视力就不易恢复。视网膜脱离是常见的致盲眼底病之一，好发于近视眼，近视度数越高发生视网膜脱离的危险越大。

视力减退的程度取决于视网膜脱离的部位与范围、玻璃体浑浊程度和变性程度等因素。发生黄斑区脱离时，中心视力大为下降。由于玻璃体浑浊，视野内常有黑影飘动。这类患者在定向行走中应避免剧烈运动，以防加剧病情。

(七) 角膜浑浊

当细菌作用于角膜时，角膜发生充血、水肿，导致角膜浑浊而视力下降。此病患者平时应戴各种远、近助视器。角膜中央部位浑浊者需暗光，角膜病变影响光线的透入时易发生炫光，在进行定向行走训练时可让患者戴帽子。

(八) 先天性小眼球、小角膜

先天性小眼球、小角膜是一种先天性、遗传性眼病。因其常伴有明显的屈光不正而应常规矫正；由于有严重的畏光（怕光），进行定向行走训练时需戴炫光眼镜、遮阳帽、太阳镜（变色镜），适合在灯光暗一些的环境中活动。

第二节 耳科学

一、听觉系统的结构与功能

一般人们肉眼能见到的耳朵，实际上是听觉器官外表的部分。就听觉的完整意义来说，人们感知外界各种声音，必须具备完整的听觉系统，由外耳、中耳、内耳及神经所组成（图 2-2-1）。这个系统是由传导部分（包括外耳、中耳）和感觉部分（包括内耳）及神经部分（听神经纤维、神经核团及大脑皮质听中枢）共同组成的。

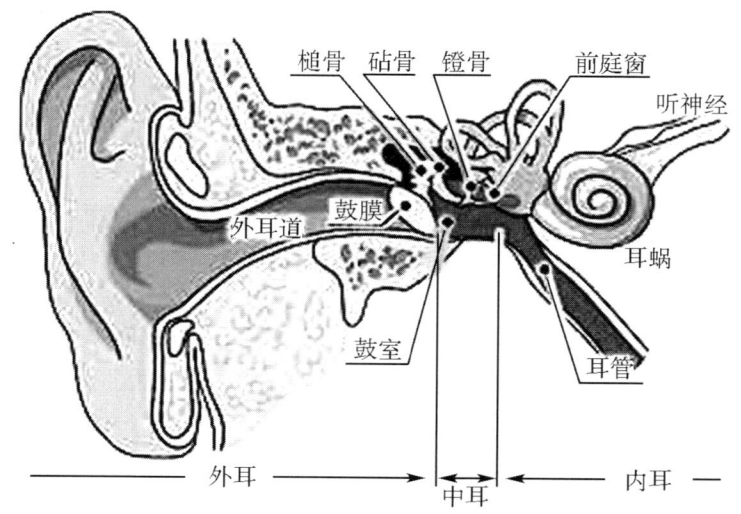

$$耳\begin{cases}外耳：耳郭、外耳道、鼓膜\\中耳：鼓室（内含听小骨）、咽鼓管、乳突窦和乳突小房\\内耳：骨迷路和膜迷路（半规管、前庭、耳蜗）\end{cases}$$

图 2-2-1　耳的结构

（一）外耳

外耳包括耳郭和外耳道。

1. 耳郭的功能　收集声音、定位、扩大声能、频谱调制。
2. 外耳道的功能　传导声音、扩大声能、吸收来自内耳的声音、发挥双耳效应。

（二）中耳

中耳是一个含气的空腔，由鼓室、鼓窦、咽鼓管和乳突四部分构成。其中鼓室和咽鼓管在听觉生理过程中起着非常重要的作用。鼓室的生理功能主要是变压、扩音和增益；咽鼓管是沟通鼓室和鼻咽部的通道，由骨部和软骨部组成，主要是维持鼓室压力与外界大气压的平衡及净化鼓室，防止上行性感染。

（三）内耳

内耳由前庭、半规管、耳蜗等结构复杂的弯曲管道组成，所以又叫迷路。前庭与半规管除与听觉有关之外，还与视觉、本体觉一起完成平衡功能。前庭可以感受头部位置的变化和直线运动时速度的变化，半规管可以感受头部的旋转变速运动，这些感受到的刺激传导到中枢以后，就引起一系列的反射来维持身体的平衡。耳蜗是听觉感受器的所在之处，能够产生听觉冲动。（图 2-2-2）

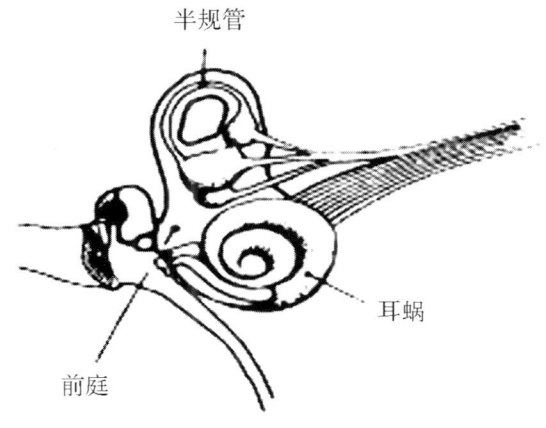

图 2-2-2 内耳结构

二、听觉的形成

耳郭（收集声波）→外耳道（传送声波）→鼓膜（声波使其振动）→听小骨（将振动传到内耳）→耳蜗（产生冲动）→位听神经→听觉中枢→形成听觉。

三、听力残疾的定义、分级、种类及成因

（一）听力残疾的定义

听力残疾是指人由于各种原因导致双耳不同程度的永久性听不到或听不清周围环境声及言语声，以致影响日常生活和社会参与。

（二）听力残疾的分级

1. 一级　听觉系统的结构和功能方面极重度损伤，较好耳平均听力损失≥91dBHL，在无助听设备帮助下，不能依靠听觉进行言语交流，在理解和交流等活动上极度受限，在参与社会生活方面存在极严重障碍。

2. 二级　听觉系统的结构和功能重度损伤，较好耳平均听力损失在 81~90dBHL 之间，在无助听设备帮助下，在理解和交流等活动上重度受限，在参与社会生活方面存在严重障碍。

3. 三级　听觉系统的结构和功能中、重度损伤，较好耳平均听力损失在 61~80dBHL 之间，在无助听设备帮助下，在理解和交流等活动上中度受限，在参与社会生活方面存在中度障碍。

4. 四级　听觉系统的结构和功能中度损伤，较好耳平均听力损失在 41~60dBHL 之间，在无助听设备帮助下，在理解和交流等活动上轻度受限，在参与社会生活方面存在轻度障碍。

（三）听力残疾的种类

1. 传导性听力残疾　源自外耳与中耳部分对声音传导的干扰，例如耳垢阻塞、外耳炎、

霉菌感染、肿瘤、浆液性及凹陷性中耳炎、耳膜穿孔、胆脂瘤、耳咽管病变、听小骨硬化等。

2. **感音性或感觉神经性听力残疾** 由于内耳（耳蜗、半规管、前庭）部分感觉细胞或神经纤维的退化，使听神经将声音从内耳传到大脑的功能受损，多种先天性病变与后天性疾病均会导致此类听力残疾。

3. **混合性听力残疾** 传导性与感音性两种混合的听力残疾。

4. **中枢性听力残疾** 由中枢神经系统中各种不同的异常所引起的听力残疾，例如脑部受伤、心理异常、老年性耳聋、中风等。

（四）听力残疾的成因

1. **先天性听力残疾** 母体怀孕或胎儿出生时，即受到感染或其他原因导致的听力残疾，常见的有麻疹病毒、梅毒螺旋体等感染，其他因素如血液中 Rh 因子与母体不合、生产时缺氧窒息或脑损伤、新生儿重度黄疸、核红血球症、听小骨硬化症等。

2. **后天性听力残疾** 胎儿出生后因种种原因导致的听力残疾：疾病伤害，例如脑膜炎、中耳炎、肺炎、麻疹、水痘等；外部损害，例如头部意外受伤、噪音刺激、药物作用、精神压力、老年性耳聋等。

3. **梅尼埃病** 是一种非炎性内耳疾病，以发作性眩晕、波动性听力减退、耳鸣、耳内胀满感为主要临床表现，目前病因不明。

☆四、听力损失对视力残疾人定向行走的影响

个体可以通过听觉学习定向，当某一物体发出同样的声音时，距离近则响声大，反之则响声小。所以，个体可以通过声音的大小来判断远近；根据声音到达双耳的时间差，可以判断声音的方向。个体通常将所听到的声音与具体的事物建立神经联系，通过记住不同事物不同环境下的声音、注意各种声音的回声等协助定向。经常使用听觉，可以提高个体的听觉灵敏度和听觉定向能力。

视觉和听觉有着十分密切的关系，当某一部分功能发生障碍的时候，另一部分功能就会相应加强，这叫做代偿作用。视力残疾人的听觉一般都较正常人来得灵敏。但是，当视力残疾人听力也有损失时，定向行走就会遇到极大的困难。

（一）听力损失影响视力残疾人判断声音的来源

人对声音的感知有响度、音调和音色三个要素。人耳可以通过声音的这三个要素的综合效果，即通过声波在传播过程中频率的不同，判断声音的来源，一旦听力损失则失去该功能。

（二）听力损失影响视力残疾人判断声音的反射

有人曾做纸幕训练，让参加试验的视力残疾人向纸幕走去，当走到离开纸幕 0.3 米（1 英尺）左右的地方，几乎所有的视力残疾人都停了下来。原来他们感到存在着障碍物。让视力残疾人穿上特制的不透气、不传声的潜水衣重新试验时，视力残疾人依旧能够感到障碍

物。但当用棉花和蜡以及耳塞将视力残疾人耳道堵起来时，在100次的试验中，每次都碰壁。进一步的研究证明，如果让视力残疾人穿上硬底鞋，用手杖敲打着地面走路，就很有助于他们觉察出障碍物的存在；如果让视力残疾人不出声地走路，就不容易感知障碍物。

（三）戴助听器不利于判断声音的方位

人通过耳郭接收到不同的声音，通常能够判断出声源是来自水平方向还是来自垂直方向，由听觉神经的定向判断出声源的方位。戴助听器不利于判断声音的方位。

（四）听力损失影响视力残疾人获得空间感

如果声音是在室内传播，则声音传至墙壁和天花板处将有一部分被吸收，而另一部分发生反射，反射声再次传至另一墙壁或天花板处均有一部分声能被吸收，经过一段时间的多次反射后声音强度将逐渐减弱，一直降低到听阈之下。声源停止振动之后，声音在室内并不立即消失，而是延续一段时间，这种现象称为混响。声音强度减弱为初始强度的1%所经历的时间，称为混响时间。

整个声音的传递过程可分为"直接音"、"早期反射"、"回声"等三个部分。人的听觉系统会依据直接音、早期反射与回声之特性，判断出声源的特质，以及所处空间的特性。当听力有损失时就无法获得空间感。

（五）听力损失者双耳效应缺失

双耳听觉对声源的定位作用，叫双耳效应。近似于球形的人类头颅把双耳分隔于两侧。假如声音信号的来源到达两耳的距离不同及声音传播途中屏障条件不同，从某一方位出发的声音到达两耳便有时间先后（或者位相差别）和强度的不同。人耳对声源的空间定位能力，正是听觉系统分析和综合两耳感受声音的时间差（位相差）和强度差的结果。听力损失者则缺乏这种效应，此时双耳戴助听器有利于准确判断声源的方位。

（六）听力损失者多普勒效应缺失

当波源与波的接收者之间以一定速度作相对运动时，接收者所接收到的频率（或波长）就会改变，这就是多普勒效应。

当波源与接收者做相向运动即相互靠近时，接收者接收到的频率就会升高；当波源与接收者做反向运动即相互远离时，接收者接收到的频率就会变低。例如：听疾驶而来的火车鸣笛声，先是升高；然而当火车掠身而过再向远处驶去时，笛声又突然降低。正常人可以利用多普勒效应判断声音的来源，听力损失者却难以利用这一效应。例如：汽车是在靠近自己还是在远离自己，听力损失者就无法判断了。

（本章作者为南京特殊教育职业技术学院沈剑辉副教授、蒋建荣副教授、郭俊助理讲师）

第三章　定向技能训练

第一节　定向训练准备

一、认知准备

视力残疾人由于视觉功能的丧失，认识物体的每一步骤都非常困难；没有视觉的参与，个体无法观察物体的来龙去脉，物体总是"神秘而来"，又"神秘而去"；没有视觉的参与，听到的声音千变万化，所摸到东西的形状、大小、重量、温度、质地等变幻莫测；没有视觉的参与，受触觉感知信息量和感知水平的限制，个体很难分辨物体和物体之间的差异；没有视觉的参与，个体有时很难把握事物的本质特征，个体语言尤其是言语的发展受到影响。因此，视力残疾人发展概念、进行认知准备在定向行走训练中十分重要。

视力残疾人在感知以下物体方面存在困难：颜色、二维空间（平面的信息如文字、照片）、光学艺术（如激光、焰火）、气状物体（如云、烟、雾）、太小的物体（如细菌、病毒等微生物）、太大的物体（如高楼大厦、树、大象）、太娇嫩的物体（如雪花）、太遥远的物体（如月亮、天空）、有伤于感觉器官的物体（如锋刃）等。视力残疾人进行定向行走训练时亟需弥补的概念领域包括：身体、空间、环境。

（一）认识形体的构成

视力残疾人定向的一个主要方面是确定自己在环境中的位置、自己与其他物体（或他人）之间的关系，掌握自身和他人形体的概念是学习定向行走的基础。

1. 自身形体的构成　人的身体外部形态是由头、颈、躯干、上肢和下肢五大部分所构成的。
2. 他人形体的构成　他人形体的构成与自身形体的构成相同。

（二）认识形体的方位关系

形体的方位关系是指身体各个部分之间的相对位置，包括垂直方位、水平方位两个部分。

1. 垂直方位　是指身体从头到脚之间上、中、下的位置关系。
2. 水平方位　是指形体前、后、左、右、内侧与外侧的位置关系。

（三）建立方向概念

方向概念是建立在"形体方位关系"基础之上的，通常以东、南、西、北为基本方向；以东南、西南、西北和东北为中间方向。这种方向概念是永恒的。其他常用的简单方向概念如旁、侧、面向、背向等则是暂时的。方向的概念在日后的定向行走中会经常用到。

（四）了解身体与物体、物体与物体之间的位置关系

当个体存在于任意一个空间时，便与其周围的环境产生一定的空间位置联系。个体只有通过了解自己与周围环境的位置关系、物体与物体之间的位置关系，才能进行方向判断并为行走服务。

（五）掌握动作概念

动作是指身体的各种活动。动作概念包括举、抓、握、走、跑、跳、投、仰、抬、伸、踢、放、跨等。例如举是手往上伸、往上托；抓是手指聚拢，使物体固定在手中。

（六）建立室外环境概念

室外环境是指室外各种设施的总称，主要包括：路、过道、墙、栅栏、花园、灌木丛、花、草、树、草坪、街道、胡同、巷、弄、桥、楼、平房、大厅、商店、银行、电话亭、防火栓、邮政信箱等。应当记住有些概念所处的特殊环境及其特点，以便今后定向时作为线索或路标之用。

（七）了解距离概念

距离是指用公里、里、米、厘米、丈、尺、寸、步等计量单位表示物体空间的长度。理解距离概念可以用一根1米长的棍子或者绳子自己体会1米究竟有多长，也可以用一把可触摸的刻度尺，自己量出米、厘米、尺、寸、步等的距离，并量一量自己周围物体的长度，如桌子多长、出门到楼梯几步、门宽几尺等等。

（八）体会量的概念

量的概念主要包括整个、一半、满、空、多、少、快、慢、深、浅、高、低等等。

（九）体会地形概念

经常用来描述地形的概念有：边、沿、拐角、斜坡、平坦、笔直、弯曲、成排。地形的概念比较抽象，定向训练中都用得比较普遍。

（十）牢记地址及其关系

地址及其关系包括中国、省、市、县、街、巷、乡、村、组、单位地址、家庭地址、单位与家庭之间的位置关系等概念。

（十一）掌握时间概念

时间概念包括年、月、日、时、分、秒、星期、上午、中午、下午、今天、明天、昨天、后天、前天、过去、刚才、将来、一会儿等。

（十二）学习复杂的空间概念

复杂的空间概念包括顺时针、逆时针、平行、垂直、向前、倒置、在……之间、中心、两端、四面、对角、水平、倾斜、毗邻、紧靠、附近、并列、朝向等。复杂的空间概念是视力残疾人较高层次的空间想象，也是视力残疾人的弱项之一，但在定向行走中应用得十分广泛，视力残疾人必须重点掌握。

（十三）牢记交通知识及道路设施

1. 交通知识　泛指交通常识、交通规则等与出行相关的知识。
2. 道路设施　人行便道、安全岛、人行横道、十字路口、盲道（行进砖、止步砖）、护栏、过街天桥、过街地道、立交桥、公交车站等。
3. 常见交通工具　轿车、卡车、自行车、三轮车、摩托车、出租车、公共汽车、火车、飞机、轮船等。

二、感知觉训练

行走的前提是定向，而定向的基础是感知觉，因此对视力残疾人进行感知觉训练是他们定向行走能力发展的客观需要，也是定向行走课程训练的基础。

（一）听觉训练

视力残疾人的听觉与视力正常人无大差异，甚至一般人感知不到的声音，视力残疾人却能感知到。这是因为视力残疾人有较集中的听觉注意力、有较强的听觉选择性、有较好的听觉记忆力。他们能利用正常人忽视的感觉经验和感觉线索，充分发挥感觉的边缘作用，使感觉功能得到延伸和拓宽。如视力残疾人能够利用回声频率估计房间大小，利用回声衰减度辨别房间内堆放东西的多少，这正是视力残疾人充分利用听觉的结果。视力残疾人走到墙壁和其他障碍物前会自动停下，这被称为障碍觉，对此，人们有多种解释，最令人信服的解释是：它是听功能的延伸。

虽然视力残疾人的听觉感受能力比普通人强，但如果和视觉相比，听觉仍有三方面的局限性：①对声音感受所产生的空间直觉不如视觉感受到的准确，特别是对方位和距离的辨别；②听觉感知的声响在多数情况下没有延续性，一过即逝，不再重现，不如视觉对物体的形象可以反复观看；③无法了解事物的形状、大小、颜色及动态形象，如闪电云涌等。因此，单凭听觉代替视觉，视力残疾人不能形成完整、准确的概念，只有把各种声音刺激转化成有意义的信息，他们才能更好地运用听觉去发展认知能力。

【活动】

1. 听觉注意的训练　听觉注意是视力残疾人听觉定向的首要能力，在实际环境中要加强各种声音的听觉注意训练。

2. 听觉选择的训练　听觉选择就是训练视力残疾人在多种声音中选择出对定向行走有意义的声音，并排除无意义声音的干扰。

3. 听觉记忆的训练　听觉记忆是在听觉注意、听觉选择的基础上，对有意义的声音加强记忆，只有对内容、性质、特点进行记忆，才能不断地增长知识、提高识别环境和准确定向的能力。

4. 声音方向的训练　训练视力残疾人利用听觉判断声音方向的能力，平时应该多利用听觉来判断各种声音的方向。

5. 声音距离的训练　训练利用听觉判断声音距离的能力，结合声音方向的判断，视力残疾人即可学会利用听觉准确定位。

6. 音频与音强的训练　了解声音有频率高低之分；了解音频在定向过程中有助于判断是谁或是什么；了解声音有强度高低之分；了解音强在定向过程中有助于判断方向与距离。

7. 回声的训练　了解什么是回声及回声产生的原因，懂得回声的规律，进行判断回声的训练。

△（二）剩余视力训练

剩余视力训练对于视力残疾人全面认识事物、学习知识、提高社会适应能力有相当大的作用。低视力研究专家指出：视觉技能包括固定、注视、追踪及调节等。正常人在看的过程中自然获得，而低视力者很难控制眼肌聚焦于某个物体之上，也很难从获得的模糊不清的或歪曲了的信息中形成有意义的视觉定向，所以他们不能光靠自己看，还要靠别人的帮助。他们必须通过有计划的训练，加大刺激量，使自身接受到更多的刺激，才能形成并逐步完善这些视觉技巧。也可以在医生的建议下，使用眼镜式放大镜、手提式立式放大镜、望远镜等助视器提高视力。低视力研究专家在这个领域做了研究，提出了一些训练策略。

【活动】

1. 视觉辨认颜色的训练

（1）了解颜色：日常生活中最常见的颜色有红色、黄色、蓝色、绿色、紫色、橙色、白色、黑色等。

（2）了解室内各种常见物体的颜色：书的颜色、纸的颜色、桌子的颜色、各种玻璃的颜色、墙的颜色、门的颜色、楼道地面的颜色。

（3）了解室外各种常见物体的颜色：植物的颜色、树干的颜色、电线杆的颜色、砖路的颜色、水泥路的颜色、沥青路的颜色、宿舍楼的颜色、教学楼的颜色等，各种出租车的颜色、一般卡车的颜色、一般公共汽车的颜色、汽车路牌的颜色、汽车站标志牌的颜色、街道标志牌的颜色、门牌号标志牌的颜色、家庭或单位附近一些标志性建筑物的颜色等。

（4）在日常生活中利用颜色进行定向。

2. 视觉辨认明暗的训练

（1）了解光线有明暗之分——视觉的明暗：由于物体各个面接受光线的角度和接近光源的距离不同，物体各个面上反射的明暗程度则不同。受光部分明亮，背光部分则昏暗。

（2）明暗有时会改变物体的颜色：太亮了发白，太暗了发黑。

（3）明暗与阴影的关系：光线被遮挡得越充分、面积越大，阴影则越暗、色彩越不明显、越不利于视觉定向；因此，在光线暗的地方仅靠视觉定向是不够的，还要配合以其他感觉的定向。

3. 视觉辨认门　门是视力残疾人最常用的定向参照物体，所以，掌握有关门的知识并学会利用门进行定向是十分重要的。

（1）了解门的知识：作用、一般位置、质地、形状。

（2）了解门的结构：门框、门面、门把手、旋转轴、锁或锁扣、插销等（注意结合实物的门进行教学）。

（3）对门的定向：发现与到达、开启方向辨别、把手定向、锁及锁眼定向、插销定向。

4. 视觉辨认窗　与门一样，窗户在视力残疾人的定向过程中也是较为重要的参照物之一。

（1）了解窗的有关知识：作用、一般位置、质地、形状。

（2）了解窗的结构：窗框、窗面、窗插销、窗拉手（结合实物）。

（3）了解窗的定向：发现与到达、开启方向辨别、拉手定向、插销定向。

（4）注意利用窗对室内物体进行定向：以窗户和门为参照物，了解其他物体大概所在的位置、到达的路径、其形状及明显的特点等。

5. 视觉辨认家具　视力残疾人通过家中的床、床头柜、衣服柜、书桌、梳妆台、沙发、茶几、电视机柜、碗柜、餐桌、灶台、电冰箱、洗衣机、水池、便位等进行定向。

6. 视觉辨认餐桌　熟悉餐桌及其附属用品（凳椅、碗筷、杯盘等），从而有效定向餐桌、餐桌上的餐具、食品、水杯等。

7. 视觉判断道路　视觉看不清前方是道路还是树影子或者是什么其他的东西，这时必须停下来，结合其他感觉进行判断；可以根据是否有车辆移动、是否有行人进行判断。

8. 视觉判断障碍物　在行走过程中，经常会遇到一些莫名其妙的障碍物，这就要求视力残疾人事先了解这些障碍物（邮筒、电话亭、汽车、自行车、三轮车、电线杆及其斜拉线、道路旁的树木等）。

9. 视觉判断道路旁的亭子　道路旁边有交通岗亭、书报亭、零售货物亭、电话亭等，这些亭子是人们为了方便生活而设立的，但绝大多数当初设立时只考虑到了普通人的方便而没有考虑到视力残疾人的不便甚至是障碍。因此，视力残疾人了解这些亭子的存在与功用并利用它们，对定向行走是很有意义的。

视力残疾人可以先了解各类亭子的功用，然后了解其常在的位置，再了解各类亭子的外观及色彩，最后再由近及远地进行定向辨别。

10. 视觉判断道路旁的大型建筑　视觉判断商场、饭店、快餐馆、饮食店、银行、学校、邮局、电影院及其他建筑物等。

11. 视觉判断物体的运动方向　向前、向后、向左、向右、向上、向下、相向、背向、近大、远小等。

12. 视觉追随训练　物体的运动总是有一定规律的，如人和车子的运动一般都在道路上。视力残疾人要学会视觉追随物体并为定向服务。

（1）对有规律运动物体或光源的视觉追随练习：如追随人的走动、追随手电光束的投影等。

（2）对无规律运动物体或光源的视觉追随：训练的方法是由慢到快。

(3) 室外实地练习：要注意眼、头、身体的协调运动。

13. 视觉浏览训练　物体总是相对运动和相对静止的，所以静中找动或动中找静相对而言较为容易些，短时间内用视觉寻找物体的具体步骤为：①先在头脑中确定要找什么。②思考要找的物体大概什么样子，建立表象。③再进行视觉浏览寻找与确认。

首先可以在室内练习视觉浏览与搜寻，如找某个物体或找某个人等；然后再到室外练习视觉浏览与搜寻（运动的物体），如是否有车开过来或者开过去、开过来的公共汽车是几路、是否有人走过来或者走过去等。

（三）触觉训练

触觉感受器呈点状分布于全身，最敏感的部位是嘴唇、指尖、舌尖、手掌和脚掌。通过触摸，视力残疾人可以认识、区别和判断事物。在学习中，以手代目进行阅读；在日常生活中，凭触觉寻找所需的物品；在一定的环境中，还可利用触觉定向；在工作中，利用触觉进行各种操作。

和视觉相比触觉也有多方面的局限性。例如：触觉感受空间受到很大限制；触觉感知不完整；触摸速度慢；触摸需要主动性等。所以，训练视力残疾人的触觉功能必须结合其他的感官训练，不能单独进行。从定向行走角度出发，视力残疾人需要加强的触觉类训练主要包括形状、大小、质地等三个方面。

【活动】

1. 一般形状的辨认训练　通过触觉感知日常生活中的物品都是由一定形状所构成的，形状的辨认能力对视力残疾人认识物体、通过物体进行定向十分重要。训练内容包括了解三角形、长方形、正方形、圆形等简单形状。视力残疾人应能列举出生活中常见的上述各种形状的物体，并能利用其进行定向。由于物体不都是由简单的形状所构成，有的物体是由复杂形状所构成的，因此必须认识复杂的形状以及利用复杂形状定向，复杂形状包括菱形、梯形、多边形、球形、圆柱形、圆锥形等。

2. 特殊形状的辨认训练　在指引行走路径时，经常涉及到一些特殊形状如"T"字路口、"Y"字路口、"L"形路程、"W"形路程等。特殊形状包括T形、十字形、L形、盒状、碗状、S形、U形、V形、工字形、W或M形、Y形、梅花形等。

3. 大小辨认训练　学会用手或脚来判断大小，懂得大小有时与定向有一定的关系，物体越大则越容易被感知，但太大了反而不容易全面感知，物体大其所占的空间就大，要绕过的路程就会远。物体太小也不易被感知，碰撞的可能性较大。

4. 软硬辨认训练　视力残疾人经常通过软硬获得环境的有关信息。

（1）了解物体有软硬之别：如草地是松软的，墙面、水泥地面是坚硬的；常见的硬的物体有水泥地、墙壁、木制家具、金属制品等；常见的软的物体有鞋帽、衣服、泥土、纸制品、草地等。

（2）将软硬物体与环境结合起来：懂得可以通过地面、墙面的软硬来判断所处的位置。

5. 粗糙与光滑辨认训练　视力残疾人经常通过粗糙与光滑的触觉获得环境中与定向有关的信息。

常见的粗糙的物体有石子马路、墙壁、树皮、地毯、砖头等。常见的光滑的物体有水磨石地板、桌面、玻璃、黑板等。

视力残疾人应该将光滑及粗糙的物体与环境结合起来，积累经验，为定向行走服务。

6. 干与湿辨认训练　视力残疾人经常通过干与湿获得环境的有关信息。干和湿有时可以通过手的接触、脚的接触或嗅觉感知到。视力残疾人平时必须注意积累生活经验，比如什么比较干？什么比较湿？什么时候干？什么时候湿？

7. 质地辨别训练　日常生活中物体的质地不尽相同，质地不同触觉也不一样。视力残疾人要经常通过触觉辨别物体的质地以进行定向，认识并判断塑料、橡胶、玻璃、金属、陶瓷制品等的特点及其通常存在的环境。

8. 温与热辨认训练　温度略高于体温为温，温度偏高为热，可以触知并且辨别。

9. 凉与冷辨认训练　温度低于体温为凉，再低的温度为冷，可以触知并且辨别。

（四）嗅觉训练

嗅觉和味觉在视力残疾人认知活动中有不可忽视的作用。运用嗅觉和味觉，可以辨认出许多不同的物质。特别是通过嗅觉能感知一定距离的事物，在视力残疾人的学习、生活和行走等方面都具有重大的意义。嗅觉和味觉都发生得比较早，这对先天失明的视力残疾人的早期生活非常有利，视力残疾人能根据不同气味判断不同的物体。嗅觉和味觉在一定程度上替代了视觉的功能，丰富着视力残疾人的感知经验，协助获得定向信息，但其作用是有限的。

【活动】

1. 气味的识别　识别一些日常生活中最常见的气味，如各种调味品（酱油、醋、酒、香油、奶油等）、肉腥味、鱼腥味、各类水果气味、电器烧糊气味、食物烧糊气味、植物烧糊气味、汽油柴油等机油味，了解日常生活中的正常与异常气味，知道某种气味总是和特定环境相联系的。

2. 气味方向的确认

（1）懂得气味的散发方向取决于空气的流动：风力越大，气味散发得就越快，面积也就越广，气味相对也就淡些；反之气味散发得慢些，面积也小些，气味也会更浓些。

（2）懂得气味一般都是从上风方向而来：如果闻到某种气味则可以断定在其上风方向必然存在着与此相关的环境。

（3）懂得气味定向受风向的影响：仅仅靠气味定向有时并不保险，还需要配合其他感觉进行定向。

3. 识别特殊场合的气味　特殊的环境中通常有特殊的气味；反之如果闻到了某种特殊气味，说明已经接近了与此相应的环境。菜市场里卖鱼等水产品、卖牛羊肉，商场里卖化妆品、卖糖果烟酒、卖糕点、卖服装，这些柜台分别具有不同气味。厨房的气味、面包房的气味、卤菜店的气味、垃圾堆的气味、污水沟的气味、厕所（或茅房）的气味等都说明了其特殊的环境。

△（五）动觉训练

动觉即运动感觉，是反映骨骼运动和身体位置状态的感觉。借助于动觉，视力残疾人可以感知身体在空间的位置、姿势以及身体各部分运动的情况。

【活动】

1. 肌肉记忆训练　生活中视力残疾人利用肌肉记忆定向是常有的事，比如喝完水后将杯子放在桌子上，再喝水取杯子时一般都能准确地抓起杯子；肌肉记忆能力是可以通过训练获得的；动作经过反复的训练达到一定的自动化后，就可以形成肌肉的动力定型，这和人的记忆类似，所以通常也叫肌肉记忆。为了更好地定向行走，视力残疾人不妨练一练腿部的肌肉记忆能力：正常迈步每步多少厘米；迈50厘米用多大的劲，迈75厘米用多大的劲。

2. 动觉的时间估计训练　视力残疾人有时可以通过动觉来估计时间。距离与时间和速度之间存在着一定的关系：距离＝时间×速度。距离一定，速度越快则时间越短，速度越慢则时间越长；速度一定，距离越长则时间越长，距离越短则时间越短；时间一定，速度越快则距离越长，速度越慢则距离越短。

动觉所感知的是速度的快慢：速度越快，动得频率越快，机体就容易疲劳；速度越慢，动得频率越低，机体就不觉得太累。一定的距离，走快了用的时间就短，反之用的时间就长。

第二节　定向训练方法

定向技能是指视力残疾人确定在环境中的位置、判断方向的能力。明眼人通过视觉即可顺利地确定方向和位置，视力残疾人则必须充分利用其他感觉器官和残余视力来进行定向与定位。因此，定向技能的训练是定向行走中十分重要的内容。

一、方向辨别

方向辨别是指视力残疾人以自己为基点确定方向。视力残疾人首先要学会在不同场所判断东、南、西、北、中等，如在家中、单位等；然后再练习在不同场所判断东南、西北、西南、东北等；再学习将简单方向进行组合并进行定向训练。如左上、左下、左前、左后、右上、右下、右前、右后等。

二、阳光定向

1. 掌握基本知识　了解太阳由东升起，自东向西而行，由西而落；懂得利用阳光定向。
2. 学会阳光定向法　根据不同的时间太阳在不同位置的原理，学会判断方向。

三、内时钟定向

内时钟定向法是视力残疾人常用的对大环境的定向方法之一，是指视力残疾人将自己看作处于时钟的轴心处，将周围的事物按照时钟钟点的位置确定方向的一种方法。（图3－2－1）

学习内时钟定向法首先必须了解时钟面上钟点的位置，先从最简易的12点、3点、6点、9点四个方位入手，然后再学习诸如1点、2点等方位。利用简单内时钟定向法可以不受东西南北固定方向的限制，随时随地都可以利用。

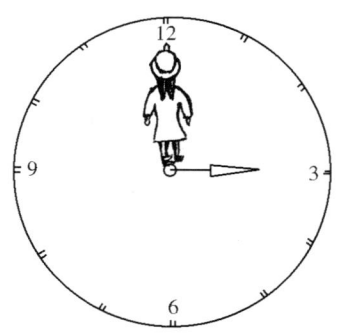

图 3-2-1　内时钟定向

四、外时钟定向

外时钟定向法是视力残疾人常用的定向方法之一，是指视力残疾人将自己面前的事物按照时钟钟点的位置确定方位的一种方法，视力残疾人通常将自己定位在 6 点钟位置上或其前后。常用外时钟定向法的地方有圆桌周围和夹到自己碗里的菜。（图 3-2-2）

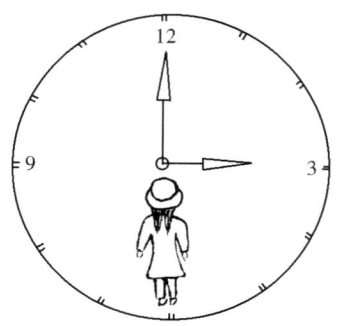

图 3-2-2　外时钟定向

五、六点盲文定位

六点盲文定位法是视力残疾人常用的对标准长方形场所进行定向定位的方法，是指将自己周围或自己面前的事物按照六点盲文的位置确定方位的一种方法，一般左上角为 1 号点位，右上角为 4 号点位，左中点为 2 号点位，右中点为 5 号点位，左下角为 3 号点位，右下角为 6 号点位。（图 3-2-3）

　　　　　（左上）1 号点位●　　●4 号点位（右上）
　　　　　（左中）2 号点位●　　●5 号点位（右中）
　　　　　（左下）3 号点位●　　●6 号点位（右下）

图 3-2-3　六点盲文定位

六、线索定向

线索是指环境中存在的位置相对固定的声音、气味、风向及光线等。视力残疾人可以利用线索提供的信息进行定向。如食堂通常会散发出饭菜的气味,视力残疾人闻到这种气味后就可以大致知道自己的位置在食堂的下风向附近。

(一)声音

某类特殊的环境里有特殊的声音,所以在听到某类声音时应与特殊环境联系起来,即通过声音判断周围的环境。如马路上的汽车马达声、运动场上有人们的运动嬉笑声、食堂里有锅碗瓢盆声、水房或厕所有冲水声、家庭里的各个地方也有不同的声音;刮风时树有呜呜声、小草有沙沙声,河边能听到流水声或鱼儿打挺声或船声,铁路边能听到火车声等。视力残疾人利用声音判断周围环境的同时,是可以通过声音的方位进行定向的。

(二)气味

气味是由物体散发出来的,不同的物体散发着不同的气味,所以一定的气味总是与一定的环境相联系着的。比如加油站散发汽油味,小道边散发花香或泥土味,面包房、点心柜台散发奶油味,酿造厂、酱菜柜台旁有酱油味,垃圾堆散发臭味,厕所、化肥厂、污水处理厂有氨气味,柏油马路有柏油、汽油、柴油味,医院或医院附近有消毒水味,饭馆或饭馆附近有饭菜味……这些都是视力残疾人应当熟悉并且用来定向的线索。

(三)阴影

了解什么是阴影;懂得阴影说明了什么;懂得阴影面积越大,物体就越大,否则就越小;懂得光线被遮挡得越完全,阴影越暗,说明物体的密度就越大;学习利用树的阴影进行定向;学习利用建筑物的阴影进行定向。

(四)气流

气流是视力残疾人通过面部汗毛的运动和温度觉而感知到的信息,如风、冷气、热气等。冬天在经过建筑物门前时常有一股暖流迎面而来;夏天经过建筑物门前时常有一股凉气迎面而来;冬天窗户附近常有一股冷气流,而暖气片附近常有一股暖气流;夏天的水边、阴凉处常有凉爽气流,马路上、太阳下通常有热气流;有暖气的房间门口通常有暖气流,厕所、水房门口通常有冷气流。

靠近热的东西时感觉到的热流又通常被称为热辐射,而靠近冷的东西时所感觉到的冷气流则被称为冷辐射。上述的气流线索对视力残疾人进行定向都能提供很好的信息。

七、路标定向

路标是某一特定的环境里所特有的标志。路标的用途在于确定并保持方向、作参考点、确定物体的位置、获得其他信息,发挥以点带面的作用。视力残疾人在定向中要应用路标必须首先记住路标、学会发现路标并且判断其准确性。

(一) 平路与坡路

道路一般有平路和坡路之分。视力残疾人在定向行走中可以通过路面起伏的情况判断自己所处的位置并确定行走的方式。

视力残疾人平时要注意走平路与坡路时的不同感觉：体会脚、腿肌肉的紧张度和平衡觉（升降）方面的变化，注意积累经验。低视力者应学会运用残余视力观察并发现平路与坡路异同的方法。

(二) 直路与弯路

视力残疾人应了解路有直路和弯路之别，懂得直路有利于定向，弯路定向比较困难，学会利用直路与弯路进行定向。

(三) 路的质地

路的质地是指路面结构的性质。路有不同的质地，如水泥路、砖路、水泥方砖路、沥青路、石子路、土路等，走在不同质地的路上脚底的感觉不同。视力残疾人要注意体会这些感觉并且时时处处加以比较，才能运用不同的感觉确定不同质地的路面，从而帮助定向。不同的质地其色彩也不尽相同，低视力者应注意不同质地路面的色彩变化。

△八、触觉地图定向

触觉地图是人们把道路交通情况按照一定的比例缩小若干倍后以触觉的方式表达出来的图形。与普通的明眼人使用的地图一样，触觉地图的上下左右分别代表北南西东，并且用一些特定的触觉符号（图标）来代表实物，所以学习使用触觉地图前首先必须懂得图标，然后浏览全图，再找出自己所在的位置和将要到达的位置，由手指"探索"最佳行走路线，再以触觉的形式在地图上"行走"，指出沿途的符号和路标，最后才实地行走。建议视力残疾人首先使用简易的、熟悉环境的地图，慢慢过渡到复杂的、陌生环境的地图。

九、心理地图定向

心理地图是大脑里对一定路线、环境所形成的图形。如从卧室到卫生间的线路像"L"形，客厅像个"日"字形……

心理地图的建立基于对环境信息的了解与掌握的基础之上，比如要形成某房间的心理地图，首先必须对该房间的形状有所了解，然后再将房间里的家具按比例一一填充在房间形状上，最后进行全局统筹，形成心理地图。心理地图的形成实质上就是将有关路标、线索集合起来为定向提供系统信息，为行走更好地服务。

△十、建筑物定向

(一) 常见建筑物的形状定向

常见建筑物的形状：包括各种道路的形状、房子的形状、花园等其他建筑物的形状等。

同类建筑物的形状总有一些相似性或共同的特点,视力残疾人可以利用这些共同特点识别建筑物并为定向服务。

(二) 入口定向

常见建筑物的入口位置有:朝南正中间(朝南是取阳光在南,中间一般是取对称美);建筑物入口处的前面常见的地形变化是台阶或坡道;建筑物入口处的前面常见的声音变化包括回声的突然变化、噪音等;建筑物入口处的前面常见的气流变化有冷流或暖流。

建筑物入口处一般有门,门可能是独扇门、双扇门,也有的是多扇门。门开启的方向可能是单向(向里推或向外拉)或双向(既可推又可拉),也有可能是左右推拉式或旋转式的;门的开关有的是靠手动的,有的是弹簧的,有的是自动的。

视力残疾人靠近或探索入口的方法是利用持杖探索并结合下部保护法(详细内容见"独行技巧"与"盲杖技巧"章节)。

(三) 楼梯及其定向

视力残疾人常需要通过楼的层数、阶梯的层数以及拐弯的方位进行定向。

(四) 楼内房号编码系统定向

编码系统是指建筑物内对各个房间和街道的各个房屋进行数字化编码的形式,通过掌握这一系统的规律,视力残疾人可以比较顺利地进行定向,找到自己的目的地。

一般楼内房间号码存在着编码体系。比如办公楼,一般单号在过道的一边,双号在过道的另一边;按门号向同一方向递增或递减;十层以下的楼一般第一位数代表楼层,后两位数代表房间号码,十层以上的楼一般前两位数代表楼层,后几位数字代表房间号码。住宅单元楼的编码则是单元号在前,中间是楼层号,最后是房间号。

△十一、街道门牌编号系统定向

(一) 门牌编号规律

城市街道存在着有规律的编号系统。街道门牌编号系统一般单号在路的一边,双号在路的另一边;按门牌向同一方向递增或递减。

(二) 国家公安部门对街道门牌编号的要求

全国各地都按国家公安部的要求对街道门牌进行编号,掌握这些信息对视力残疾人定向行走是非常有意义的。

1. 东西向的街道　北侧单号,南侧双号,由东向西逐渐递增。
2. 南北向的街道　西侧单号,东侧双号,由北向南逐渐递增。
3. 东北西南向的街道　偏北侧单号,偏南侧双号,由东北向西南逐渐递增。

4. 西北东南向的街道　偏西侧单号，偏东侧双号，由西北向东南逐渐递增。
5. 不通行的胡同　不分方向，右侧为单号，左侧为双号，由入口向里逐渐递增。

（本章作者为南京特殊教育职业技术学院沈剑辉副教授）

第四章　　行走技能训练

第一节　　行前准备

行前准备主要是对视力残疾人进行行走前的心理、步态的训练，以增强视力残疾人行走的兴趣和行走的自信心，矫正他们通常存在的盲态和异常步态，为视力残疾人接受定向行走的训练打下基础。

刚刚走向社会的视力残疾人，在陌生的环境中常常不同程度地表现出一些心理障碍，如恐惧、冒失、害羞、自卑等。这些心理障碍对他们的定向行走会有不利的影响，因此在定向行走训练之前，需要对视力残疾人进行必要的心理训练。

一、克服行走的心理障碍

（一）克服恐惧心理

几乎每个视力残疾人独自行走时都挨过碰撞，许多视力残疾人对独自行走下意识地怀有一种恐惧心理，表现为不敢独立行走，担心行走时碰着、撞着或摔着而裹足不前；或呈碎步，或呈身体后仰，或呈手臂半张前伸等姿势。在接受定向行走训练之前，可通过以下方法克服恐惧心理。

1. 与别的视力残疾人一起分析过去受到碰撞的原因，如缺乏正确的定向行走技巧、对环境不熟悉、贸然行动等。
2. 相信只要运用恰当的定向行走技巧，碰撞是完全可以避免的。
3. 与其他视力残疾人一起讨论行走时经常出现问题的地方，相互警示以后多加提防。
4. 认清恐惧心理在定向行走时的危害性。

（二）克服冒失心理

有的视力残疾人由于比较卤莽，平时做事大大咧咧，在行走时表现为不分析路面的具体情况，不管前面有无障碍物，就急于前行，这种冒失心理对视力残疾人安全地行走有很大的危害性。下列方法有利于消除冒失心理。

1. 冷静分析自己以前多次磕碰的经历，会发现多数时候是由于冒失心理所致。
2. 时刻提醒自己行走前必须先作定向，充分地考虑到安全问题。
3. 在克服冒失心理的同时也不要过于谨慎而裹足不前。

（三）克服害羞心理

许多视力残疾人在定向行走遇到困难时羞于启口，不好意思向别人求助；一些视力残疾人由于自尊心太强，在定向行走时遇到困难宁可自己乱撞，也不愿意向明眼人求助。这种害羞心理对视力残疾人的定向行走是不利的。

人与人之间的友爱和互助是中华民族的美德，许多明眼人很愿意帮助视力残疾人，视力残疾人遇到困难时可以向明眼人寻求帮助，一般情况下都能获得预期的效果。同时视力残疾人必须记住：每次得到别人的帮助后应及时致谢，因为帮助视力残疾人并不是明眼人的义务，而是他们在发扬人道主义，是在做好人好事。

（四）克服自卑心理

有些视力残疾人害怕别人知道自己的视力残疾，对自己是一个视力残疾人感到自卑。在定向行走方面表现出刻意伪装或隐瞒自己目盲的真相、出门时不愿意使用盲杖等。

应当认识到视觉缺陷不是自己的过错，谁也不愿意自己看不见或看不清；而且，对所有的人都一样，不幸的降临有时是无法回避的。视力残疾人要勇敢地面对自身的残疾，承认并接纳自己目盲的现实。一个人是否得到社会的尊重主要看他对社会的贡献，与他是否残疾没有多大关系。做生活的强者才是最重要的，这样即使视力残疾也会赢得社会的尊重。

△二、步态训练

（一）正确步态的训练

1. 步幅　指每步移动的距离。正确的步幅不宜过大，也不宜过小，一般与步频、身高等因素有关，男性通常为 70~75 厘米。

2. 步频　指每分钟行走的步数。步速不宜过快或过缓，成人约为 110~120 步/分，快步可达 140 步/分。

3. 正确的脚步姿势与重心控制　走路时，从一侧的足跟着地起，到此侧足跟再次着地为止，为一个步行周期。其中每一足都经历了一个与地面接触的支撑期和一个腾空挪动的摆动期。

4. 选择场地　视力残疾人可以有意地选择开阔的场地进行一定的正确步态练习，先练习分解动作，待对分解动作掌握熟练后，再练习组合动作。刚刚开始练习时，步行速度应适当放慢，以后逐渐以正常的步速行走。

（二）正确行走姿态的训练

视力残疾人由于长期缺乏视觉刺激和反馈，往往会形成一些多余的或不正确的动作，人们称之为盲态，如走路时的低头、偏头、双手前伸呈摸索状、上体后仰等等。盲态通常是在盲童开始学习走路时逐步形成的，对视力残疾人的行走和独立活动造成不利的影响。正确的行走姿态应该具备以下几点：

1. 保持身体的稳定性　站立时头顶、颈椎、腰椎、髋关节、膝关节和脚掌应保持在一条直线上。

2. 保持姿势正确　挺胸，收腹，双眼平视，下颌内收，全身肌肉放松。

3. 手脚动作的协调性　右脚向前迈步时，左手自然地向前摆动；左脚向前迈步时，右手自然地向前摆动。注意动作不要僵硬，手的摆动幅度不要过大。

（三）异常步态的矫正

异常步态是指视力残疾人在行走过程中，由于缺乏视觉刺激和自信心，在长期的摸索中自然形成的不正确的行走步态。视力残疾人必须认识到异常步态的危害。它使视力残疾人难以掌握正确的行走技巧，影响行走的安全性和有效性，同时也容易导致社会上的人对视力残疾人的不正确认识，有损于视力残疾人的社会形象。

异常步态的形成与视力残疾人缺乏自信心有关，应增强视力残疾人的自信，进行"正确步态的训练"和"正确行走姿态的训练"，这样做有助于异常步态的矫正。

常见的异常步态包括：

1. 蹭步　蹭步是指行走时脚掌不离地面的擦行。
2. 碎步　碎步是指行走时全脚掌离开地面，走的是小而快的步子。
3. 八字步　八字步是指行走时两脚尖过分外撇（外八字）或内扣（内八字）。

三、直线行走训练

直线行走是视力残疾人行走前的一项重要的训练内容。视力残疾人能否走直线，对他是否能顺利到达目的地关系重大。视力残疾人不能直线行走，主要有以下三点原因：行走前未对准方向；左右足步幅不等；脚趾及身体姿势不当。

（一）行走前对准方向

1. 以出发点的某一物体（如墙面、人行道沿、固定的桌子等等）作为基准点，双足足跟及后背紧靠该物体，并与该物体成90度角，一手向正前方伸出，该手指向的方向即为行走的方向。

2. 若目的地提供了某种线索（如声音），记住该线索的方位，并转动身体朝向该线索。

3. 利用环境中的各种线索定向，如阳光照射到脸上的方向、风向、环境中的声音与气味等。

【活动】

视力残疾人欲到达的目的地在其出发点的南方，时间是早晨，那么，转动身体使太阳光照射到左脸颊，即对准了目的地的方向。

（二）克服和矫正不正确的身体姿势及步幅

1. 行走过程中，充分利用环境中的各种路标和线索，如路面的情况、环境中的声音等，及时调整行走的方向。

2. 步幅及身体姿势的矫正参见"正确步态的训练"和"正确行走姿态的训练"。

【活动】

视力残疾人可以请家人先在自己的前方给一个声音提示，自己对准声音到达目的地；然后，家人在视力残疾人的任意一方给一个声音提示，让视力残疾人迅速对准声音并走向目的地。

四、避险与应急防卫

视力残疾人在行走过程中，有时会遇到一些意想不到的问题或危险。因此，外出行走前必须仔细考虑途中可能存在的不安全因素，并提前采取有效的措施。

（一）基本知识与基本技能

1. 心理训练　行走时既要大胆又要谨慎，合理地运用各种定向行走技巧是防止意外发生的基本条件。行走中遇到任何问题时都不要慌张，要冷静地思考对策，必要时可请求他人给予帮助。

2. 了解一些易于发生危险的情形　特别要求视力残疾人注意熟悉环境中的一些新变化有可能带来的危险，由于大意，这些新变化往往比陌生地区更加危险。

3. 需要防卫的危险情况

（1）室内：挪动后的家具、偶尔打开的窗户、墙上的钉子或其他凸起物、电源开关或插座、放在桌上或地上的开水瓶、晾衣绳等等。

（2）室外：偶尔停放的车辆、地上新挖的沟或坑、揭开盖子的下水道、新牵的晾衣绳、电线杆的牵拉绳等等。

（3）交通繁忙地区：自行车及人力三轮车（因其行驶时发出的声音过小，不易引起视力残疾人的注意），十字道口右拐的车辆，无红绿灯的交通道口等。

（二）遇到汽车时的防范措施

视力残疾人外出经常会遇到汽车，如何对付汽车对明眼人来说已经是个难题，对于视力残疾人来说则更加困难。

1. 遇到行进的汽车　视力残疾人在听到汽车从远处朝自己开来时应尽早靠路的右边行走或站立等候；如果汽车已经离自己比较近了，甚至鸣笛，这时视力残疾人必须冷静地先站着不动，举手示意司机停车（同时也是礼貌地致以歉意），然后再慢慢挪动到路边。

2. 遇到停泊的汽车　如果遇到停泊的汽车，视力残疾人可以从车子的右侧通行过去，这样更安全一些；如果右边过不去，只好从其左侧绕过去，但必须非常慎重地"贴"着汽车绕过去，以免被后面来的行人或车辆刮伤。

第二节　　行走训练方法

一、导盲随行

导盲随行是指视力残疾人跟随引导者行走的一种方法，使视力残疾人在引导者的带领下美观、自然、安全、顺利地行走。

（一）基本技巧

1. 接触（图4-2-1~图4-2-2）

（1）动作方法：引导者走近视力残疾人，与之同向并排站立，并以靠近视力残疾人侧的手背轻触视力残疾人手背，同时予以适当的语言提示，如说："我带你走吧！"

图4-2-1 接触

图4-2-2 接触（放大）

（2）注意事项：

1）引导者站在视力残疾人的左侧为好，根据我国行人右侧通行的交通规则，视力残疾人在右侧随行更为安全。

2）引导者在靠近视力残疾人时应事先给予提示，使视力残疾人感觉到有人走近。否则既不礼貌，又容易惊吓视力残疾人。

2. 抓握（图4-2-3~图4-2-4）

（1）动作方法：视力残疾人用被接触侧的手背，沿引导者手臂的外侧轻快地向上移动至其肘关节上端，然后视力残疾人轻握引导者的胳膊。抓握时，视力残疾人的拇指放在引导者胳膊的外侧，其他四指放在内侧。

图4-2-3 被接触手上移

图4-2-4 抓握肘关节上端

（2）注意事项：

1）抓握部位应根据视力残疾人和引导者的身高而定，视力残疾人上臂与身体贴紧并保持与上身平行，以确保信息传递的准确性。

2）抓握不宜过松或过紧，以稳为度。

3. 站位与随行（图4-2-5～图4-2-6）

（1）动作方法：

1）站位：视力残疾人抓握后立即后退半步，到引导者侧后方；视力残疾人确信自己抓握侧的肩在引导者对侧肩的后面。

2）随行：当引导者迈步时，视力残疾人根据抓握侧手所获得的信息跟随引导者行走。

图4-2-5 站位

图4-2-6 随行

（2）注意事项：

1）本技巧应结合"接触"和"抓握"技巧进行练习，以保持动作的连贯性。

2）初学随行技巧的视力残疾人在随行过程中常常出现抓握不稳和动作变形等问题，要及时纠正。

3）应该要求引导者保持适当的速度，不要过快或过慢。

4）视力残疾人应根据抓握手所获得的信息及时调整自己行进的速度和步伐。

（二）一人导多盲（图4-2-7）

1. 动作方法　引导者将多个视力残疾人进行纵队排列，在引导者的帮助下，最后一位视力残疾人以接触、抓握、站位的动作方法抓握前位视力残疾人，倒数第二位视力残疾人以同样的方法用被抓握侧的手抓握其前位视力残疾人的异侧臂，其余视力残疾人以此类推；引导者接触前面的第一位视力残疾人，按基础导盲的动作方法导盲。

图4-2-7 一人导多盲

2. 注意事项

（1）引导者要保持匀速行进，避免突快突慢，以免抓握手脱落或造成人员冲撞。

（2）一人导多盲时要向视力残疾人特别强调动作的规范性，以免队列变形，影响行走。

（3）因为导盲信息经多次传递后会逐渐失真，所以拐弯时要求引导者密切注意后面队伍的情况。

（三）换边（图4-2-8~图4-2-11）

1. 动作方法

（1）视力残疾人从引导者的右侧换至引导者的左侧：

1）视力残疾人以右手抓住引导者的右手臂，松开原抓握的左手；

2）左手背在引导者的背部轻快向左侧滑行，找到引导者的左臂后轻轻地抓握；

3）松开右手，右手快速移至引导者的左手臂并正确地抓握，同时松开左手，身体保持与引导者半步的距离。

（2）视力残疾人从引导者的左侧换至引导者的右侧：动作步骤同上，动作方向相反。

图4-2-8　抓握右侧

图4-2-9　向左侧换

图4-2-10　换到左侧

图4-2-11　重新建立随行姿势

2. 注意事项

（1）建议先原地练习换边，然后练习在行走过程中换边。

（2）注意教育视力残疾人不要同时松开双手，以免脱离接触。

（四）改变方向（图4-2-12~图4-2-17）

导盲随行时，如果在行进的道路上遇到障碍物，则需要改变方向才能继续行走。一般的改变方向，视力残疾人只要跟着引导者走即可。但是，如果突然想起忘记带什么东西，需要回去一趟，这就需要用改变方向的特殊技巧了。

1. 动作方法　若视力残疾人在引导者的右侧，引导者先进行语言提示并止步，视力残疾人向前半步与引导者并排站立，然后两人同时向内转体，面对面站立，此时引导者用左手轻触视力残疾人的右手背，视力残疾人察觉后，迅速以右手握住引导者的左臂，同时视力残疾人左转90度、引导者右转90度，用抓握方法立即重新建立导盲姿势。若视力残疾人在引导者的左侧，动作同前，转体的方向相反。

图4-2-12　减慢速度

图4-2-13　视力残疾人向前半步

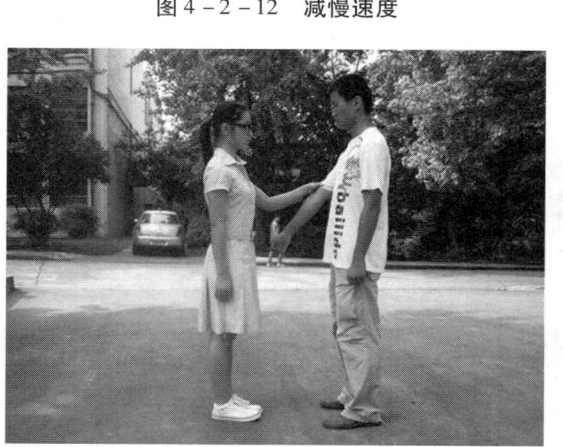

图4-2-14　两人同时向内转体

图4-2-15　主动接触

图 4-2-16　放开原抓握手　　　　　　　　图 4-2-17　建立新的抓握姿势

2. 注意事项

（1）仅是小角度改变方向时，不需使用此技巧。

（2）该技巧主要是在空间过于狭窄、比较拥挤的场合下向后转时使用。

（3）欲向后转时，引导者必须在停止行走前先用语言提示要换向，以免视力残疾人不知道要换向而继续向前走，以致同引导者相撞。

（五）过狭窄通道（图 4-2-18～图 4-2-20）

有时遇到比较狭窄的通道或在人流拥挤的地方随行，当通道不允许两人并行时，就必须学会使用"过狭窄通道"的技巧。

1. 动作方法　引导者将导盲臂从身体的一侧移至身后，手背轻贴后腰。视力残疾人觉察到引导者手臂的变化后，迅速从引导者的一侧移至引导者的背后，手臂伸直，步幅放小。

图 4-2-18　准备过狭窄通道　　　　　　　图 4-2-19　过狭窄通道

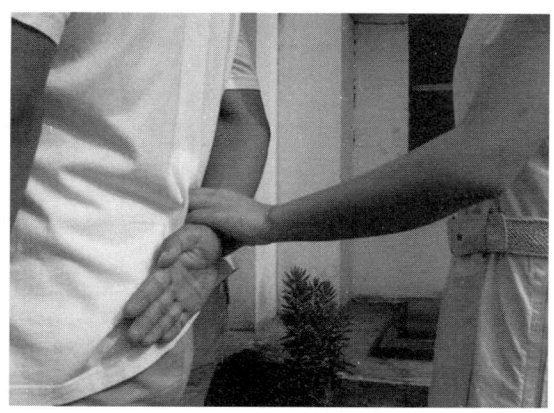

图 4-2-20　过狭窄通道时手的位置

2. 注意事项

（1）引导者在拐弯时手臂不要向身后移动，以免使视力残疾人误解为要通过狭窄通道。

（2）通过狭窄通道后，引导者的手臂从身后恢复到原位，视力残疾人也恢复到经过狭窄通道前的姿势。

（六）进出门（图 4-2-21 ~ 图 4-2-26）

门是比较狭窄的，如果敞开，引导者用经过狭窄通道的方法即可将视力残疾人带过去，但如果门是关闭的话，就需要采用"进出门"技巧。

1. 动作方法　到门口时，引导者必须用语言提示视力残疾人："我们已到了门口，门是向外（里）开的，门轴在左（右）。"然后引导者用导盲臂握住门把手并打开门，视力残疾人的非抓握手沿引导者的导盲手臂向前伸，握住门把手，通过门后轻轻地把门带上。

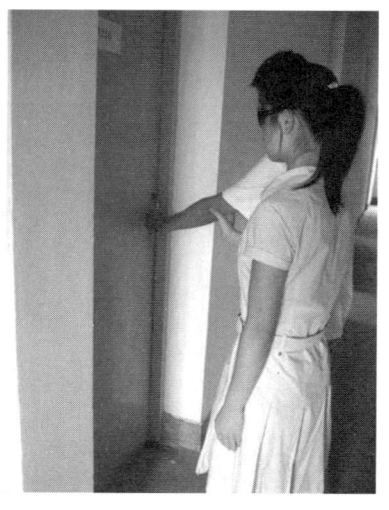

图 4-2-21　走到门口

图 4-2-22　顺臂找把手

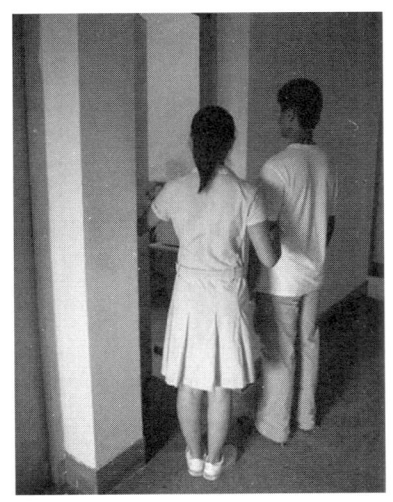

图 4-2-23 进门

图 4-2-24 进门后找把手

图 4-2-25 找到把手

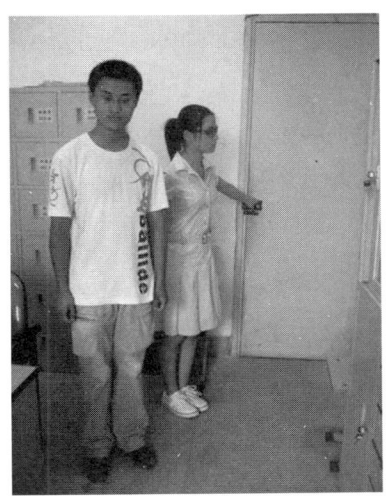

图 4-2-26 视力残疾人负责关门

2. 注意事项

（1）进出门时视力残疾人应在门轴一侧，门应开到充分大。

（2）农村的门比较狭窄，开门者要根据情况决定。

（七）上（下）楼梯（图 4-2-27 ~ 图 4-2-34）

1. 动作方法　上（下）楼梯时，引导者带视力残疾人走向楼梯，当接近楼梯口时要稍作停顿，告诉视力残疾人"要上（下）楼了"，或者夹紧一下自己被抓握侧的胳膊肘。引导者先上（下）一级，视力残疾人随即跟着上（下），一步一级随行，当引导者上（下）楼梯时，视力残疾人会感到引导者手臂的上升（或下降）。当到达楼梯尽头时，引导者也要略加停顿或再夹一下自己的胳膊肘，示意视力残疾人已经到了楼梯的尽头。

2. 注意事项

（1）若楼梯有扶手，而视力残疾人又愿意手扶楼梯上（下）楼，可让视力残疾人走在楼梯扶手一侧并把视力残疾人的手搭到扶手上。

（2）最初学习时，可以进行语言提示，经反复练习后，在熟悉的环境中，视力残疾人已可由引导者手臂的升降了解是上楼还是下楼时，可不加语言提示。但在陌生的环境中仍然需要停顿和语言提示。

（3）当接近楼梯口时，引导者务必略加停顿，使视力残疾人有准备的时间。

（4）引导者的行进速度要适当，在视力残疾人接近楼梯口却未踏上楼梯时可略减慢，在楼梯中行走的节奏要均匀。

图 4－2－27　走近阶梯

图 4－2－28　跨上台阶

图 4－2－29　同步上台阶

图 4－2－30　走完台阶

图 4-2-31　并肩站立

图 4-2-32　跨下台阶

图 4-2-33　同步下台阶

图 4-2-34　下完台阶

（八）上（下）滚梯（图 4-2-35～图 4-2-41）

1. 动作方法　上（下）滚动电梯时，引导者带视力残疾人走向滚动电梯口，当接近电梯口时稍作停顿，告诉视力残疾人"要上（下）滚梯"，让视力残疾人的另一手感知扶手的滚动，引导者发出信号，两人同时跨上滚梯（如是阶梯式电梯必要时调整脚的位置），当到达滚梯顶部（底部）时，引导者及时发出信号，两人同时跨出滚梯。

图4-2-35 走近滚梯

图4-2-36 同时上滚梯

图4-2-37 到达滚梯顶部

图4-2-38 走出滚梯

图4-2-39 准备下滚梯

图4-2-40 同时下滚梯

图 4-2-41 走出滚梯

2. 注意事项

（1）了解滚动电梯的基本概念，知道阶梯式与斜坡式滚动电梯的区别。

（2）感觉滚动电梯的起始部位，视力残疾人用另一只手感知扶手，但不能抓紧，等脚跨上后再抓紧扶手。

（3）如脚在阶梯式滚动电梯的缝隙中间，视力残疾人要及时调整脚的位置，根据手的感觉及身体升降的变化判断是否到达滚动电梯的尽头。

（4）根据引导者的信号及时上（下）滚动电梯，并及时走出电梯口。

（九）引导入座（图 4-2-42～图 4-2-47）

1. 动作方法　引导者引导视力残疾人把手放到椅背或椅子的扶手上，视力残疾人用腿轻碰椅面，以确定座位的朝向、高矮、大小，然后一手扶椅背，另一手到座位上"清扫"一下，确认椅面上没有东西后自己再坐下。

图 4-2-42　引导走向椅子

图 4-2-43　引导触摸椅子

图4-2-44　顺臂接触椅子

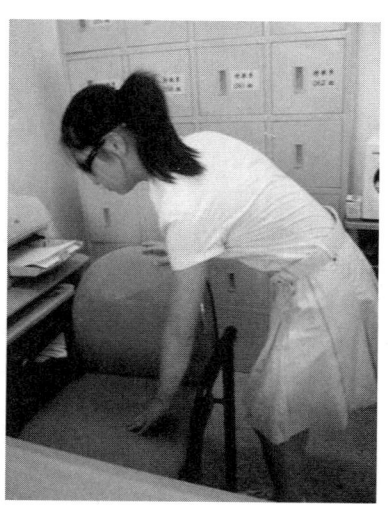
图4-2-45　清扫

图4-2-46　落座

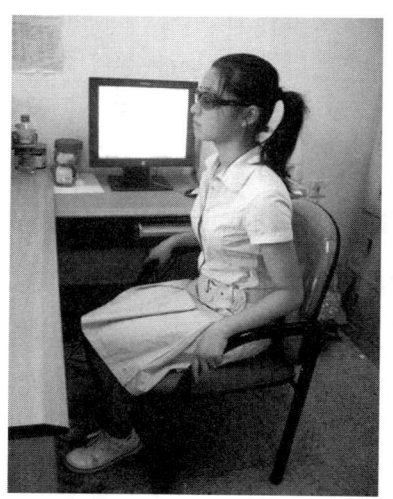
图4-2-47　舒适的坐姿

2. 注意事项　桌椅之间空隙较窄，视力残疾人应当在落座之前用触觉充分感知，并注意不要被桌角碰到。

(十) **乘公共汽车**（图4-2-48～图4-2-55）

1. 动作方法　将视力残疾人引导到公交车的车门处，告知视力残疾人车头的方向，引导者协助视力残疾人用非抓握手扶门框（或用盲杖感觉车门），用上楼梯的方式将视力残疾人带上车，找到合适的位置坐下，如无座位，则让视力残疾人抓住扶手，下车时用下楼梯的方式引导视力残疾人走下车门。

第四章 行走技能训练 45

图 4-2-48 引导到公共汽车门前

图 4-2-49 手扶车门

图 4-2-50 上汽车

图 4-2-51 走进汽车

图 4-2-52 找到座位坐下

图 4-2-53 准备下车

图4-2-54 走下公共汽车

图4-2-55 下车后建立随行姿势

2. 注意事项 手扶汽车的门边,主要是感觉车门的位置,以便上下车。

(十一) 乘轿车 (图4-2-56~图4-2-61)

1. 动作方法 将视力残疾人引导到轿车的车门处,告知视力残疾人车头的方向,引导者把被抓握的手放在车门的把手上,视力残疾人的另一手沿着引导者的手下滑抓住车门的把手,视力残疾人把车门打开,一手扶车门一手扶车顶,进入汽车,侧身坐下(同时松开扶车顶的手),把车门关上。

图4-2-56 走近轿车

图4-2-57 手拉车门

图4-2-58 打开车门

图4-2-59 手扶车门和车顶

第四章 行走技能训练

图4-2-60 入座

图4-2-61 关车门

2. 注意事项　手扶车顶，为的是防止头部碰撞。

（十二）**接受和拒绝帮助**（图4-2-62~图4-2-65）

社会上许多明眼人本来想要帮助视力残疾人，但不知道具体应该怎样做。而且，明眼人不得体的帮助，有时会使视力残疾人陷入危险或尴尬的境地，此时视力残疾人可用适当方法表示接受或委婉地拒绝帮助。

1. 动作方法　当明眼人想要帮助视力残疾人过马路时，由于他不了解导盲的方法，常常拖着视力残疾人的手或在背后推视力残疾人，这时视力残疾人可以对导盲者说："谢谢您帮助我，不过为了安全起见，还是让我握住您的手臂跟着您走吧！"然后，视力残疾人用手握住明眼人的手臂，并退后半步建立抓握姿势。如果此时视力残疾人确实不需要帮助，可以用另一侧手将明眼人的手轻轻地推开并向明眼人致以谢意。

图4-2-62 明眼人拉盲人

图4-2-63 用另一手推开明眼人的手

图4-2-64 重新抓握

图4-2-65 建立正确随行姿势

2. 注意事项

（1）接受和拒绝帮助要有礼貌，语气要委婉。

（2）拒绝帮助时推挡的动作要轻。

二、独行技巧

独行技巧，是指视力残疾人在了解环境的基础上，在熟悉的环境中不持杖的行走方法。

独立行走时，门窗、桌椅等设施和其他家具以及墙壁上的附设物件容易碰伤视力残疾人，因此加强自我保护是安全行走的积极有效措施。视力残疾人的自我保护，主要包括上部保护和下部保护。其保护的方法不仅用于独立行走，也适用于其他各种情形，如盲杖行走或弯腰拾东西等。视力残疾人在独立行走的过程中，上下部的自我保护应结合运用，以扩大保护范围。当手或臂触及障碍物时，应立即停止行进，并及时判断和处理。

（一）上部保护（图4-2-66~图4-2-69）

1. 动作方法　视力残疾人一臂屈肘抬起，上臂略高于肩，使前臂横于面前，掌心向外，指尖略超过对侧肩，以保护头部。

图4-2-66 标准式上部保护正面

图4-2-67 标准式上部保护侧面

图 4 – 2 – 68　变通实用式上部保护正面　　图 4 – 2 – 69　变通实用式上部保护侧面

2. 注意事项

（1）上部保护时，抬起的手臂适当放松，主要保护头及面部。

（2）实际生活中可根据情况变通使用上部保护方法：如将前臂竖于面前，可以防止类似单杠类的横向物体碰撞；而将前臂与水平线成45度角，则既可挡防横向物体又可挡防纵向物体。

（3）前臂与身体要保持一定的距离，当遇到障碍物体时才有足够的反应时间。

（4）在右侧通行的规则下，通常用左侧手臂进行上部保护，以避免碰上路边的窗户。

（5）行进中要保持动作不变。

（6）低视者不要让胳膊挡住视线。

（二）下部保护（图 4 – 2 – 70、图 4 – 2 – 71）

1. 动作方法　　一侧手自然下垂后移至身体中心线前——位于体前约20厘米处，掌心向内，五指放松。

图 4 – 2 – 70　下部保护正面　　　　　图 4 – 2 – 71　下部保护侧面

2. 注意事项　手臂与身体的距离不宜过远或过近，否则会影响探知障碍物的有效性，过近了来不及反应，过远了手臂太累，必要时与上部保护法一起使用。

（三）顺墙行走（图 4-2-72）

1. 动作方法　面对行进方向，体侧与墙壁距离约 20 厘米；视力残疾人靠墙侧的肩略微下沉，手臂自然向下前伸约 45°，用小指和无名指的指背或指甲轻轻点触墙面。

图 4-2-72　顺墙行走

2. 注意事项
（1）指背或指甲尽量与墙保持接触，以免偏离方向。
（2）遇到粗糙墙面时可以似触非触，以免受伤。
（3）遵照右侧通行的原则，特殊情况下也可以靠左侧行走，必要时可以用另一侧手进行上部保护。
（4）鼓励低视者注意充分利用残余视力看前方的路。

（四）沿物行走（图 4-2-73）

沿物行走是指视力残疾人在室内独立行走时，沿着墙、桌子或其他物体的边缘线前进的一种技巧。

1. 动作方法　手臂前伸，拇指向内，手指的背部轻轻接触物体的边缘线，并且沿着边缘线滑行。手的位置约在身体前半臂左右，身体与物体亦应保持一定的距离。

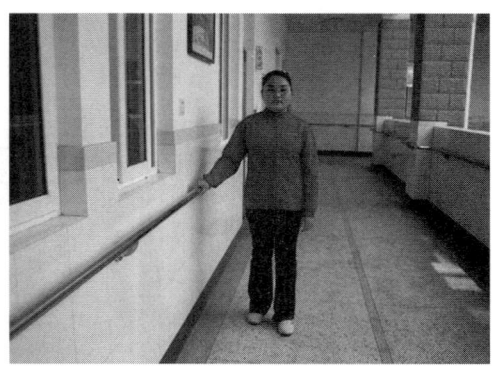

图 4-2-73　沿物行走

2. 注意事项

（1）行走时身体保持正确的姿势，不要偏转，手指轻轻与物体接触，以免受伤。

（2）必要时应辅助使用上部保护法或下部保护法。

（五）垂直定位（图4-2-74）

垂直定位是视力残疾人通过已知物体的方位确定自己当前方位的一种技巧。

1. 动作方法　视力残疾人以某一相对固定的物体为基准，如墙、门、桌子等，背部及脚跟紧靠着该物体，身体面对的方向即是自己行走的方向。

图4-2-74 垂直定位

2. 注意事项

（1）该技巧主要用于在熟悉的环境中确定自己前进的方向，视力残疾人在日常行走中应当经常用此法进行定位、定向。

（2）尽量不用圆面的物体或活动的物体进行垂直定位，如圆柱或活动的门。

（六）穿越空间（图4-2-75～图4-2-78）

1. 动作方法　穿过一个空间的时候，假如视力残疾人熟悉这个空间的情况，就会利用上部保护法或下部保护法保护自己安全通过。假如空间较大，视力残疾人没有把握准确穿越时，可以先转过一个墙角，然后进行垂直定位，利用直线行走技巧通过，最后恢复到原来的行进方向。

图4-2-75 准备用上部保护法穿越空间

图4-2-76 实施上部保护法穿越空间

图 4-2-77　准备用下部保护法穿越空间　　　图 4-2-78　实施下部保护法穿越空间

2. 注意事项　要善于利用门窗、阳光进行定向和定位。

（七）上（下）楼梯（图 4-2-79～图 4-2-82）

1. 动作方法

（1）上楼：当视力残疾人走到楼梯初始台阶时，要站在有扶手的一侧。先用脚试探台阶的下沿或用手触摸到楼梯的扶手，脚与台阶的下沿要垂直。先用脚轻轻碰触台阶的竖面，试探台阶的高度和深度，然后用沿物慢行技巧，沿台阶右侧一步一级上楼。若感觉到扶手变平了，则表明台阶快要结束，一层台阶上完后应调整方向，继续前行。

图 4-2-79　走近楼梯　　　　　　　　　图 4-2-80　登上楼梯

（2）下楼：当视力残疾人走到台阶顶部时，要靠近扶手一侧站立，并抓住扶手，用前脚掌试探台阶的前沿，并与台阶垂直，然后用沿物慢行技巧或抓住扶手沿台阶右侧一步一级下楼。若感觉到扶手变平了，则表明台阶快要结束，一层台阶下完后应调整方向，继续前行。

图 4-2-81　准备下楼　　　　　图 4-2-82　扶持扶手下楼

2. 注意事项

（1）建立楼梯的基本概念，了解不规则楼梯的上下方法。

（2）上下楼梯时动作要协调，下楼梯时不要踩空。

（八）寻找失落的物体（图 4-2-83 ~ 图 4-2-88）

1. 动作方法

（1）确定物体失落的方位：物体失落时都有一定的响声。有的物体落地后，会立即静止，声音也会戛然而止；而有些物体落地后可能会反弹，先是发出连续不断的响声，然后再慢慢静止下来。此时视力残疾人要根据物体落地时的声音迅速正确判断失落物体所在的方向和大致距离，将身体转向该方向，然后走上前去采用正确的下蹲方法寻找物体。

（2）下蹲的两种方法：

1）直蹲式下蹲：上体保持与地面垂直，膝部弯曲蹲下，身体不可以前倾或左右倾斜，以免碰撞到其他物体。

2）上部保护式下蹲：使用上部保护法保护头及面部，膝部微曲，弯腰下蹲。

（3）搜索物体的两种方法：

1）盘旋法：双手手指分开，用指尖轻触地面，在体前由内向外、由小到大画圈，直至充分搜索。未找到物体时可向前后左右移动一步，再使用盘旋法搜索地面，直至找到失落的物体为止。

2）栅栏法：双手手指分开，指尖轻触地面，双手平摊向两侧移动，如画直线的方法。先由内向外直线搜索，再由外向内直线搜索，状似栅栏。未找到物体时可移动脚步重新使用该法继续搜索。

图 4-2-83　听音辨别方位

图 4-2-84　面对声源

图 4-2-85　走近物体

图 4-2-86　垂直下蹲

图 4-2-87　用上部保护法下蹲

图 4-2-88　用盘旋法或栅栏法搜索

2. 注意事项

（1）根据物体落地的声音判断物体落下的方位。可用一串钥匙，或其他容易发出声响的东西进行听觉训练。在此过程中，视力残疾人要指出声源终止点的方向，说出距离，接着用直线行走技能和上、下部保护法，走到失落物体处。

（2）掌握正确的下蹲方法，下蹲时根据环境的情况使用合适的方法，动作一定要规范，以免碰伤头部。

（3）利用盘旋法、栅栏法搜索失落的物体时，手所搜寻之处，一定要全部搜索到，不可遗漏。如在第一位置找不到失落物体时，可以前进、后退一步，也可以左转或右转90度后重新搜索。但必须记住第一位置，直至找到失落物体为止。

（4）根据物体下落的声音判断物体的位置对于能否找到失落的物体相当重要，为此视力残疾人应注意倾听声源的终止点，且迅速而准确地判断出方向、距离，如判断错误，寻找失落的物体则相当困难。可以利用钥匙、硬币、乒乓球等物体由易到难进行训练。

（5）若处于复杂的或者危险的环境中，如在拥挤的人群中、马路上或草地中，自己经过努力仍难以找到失落的物体，可以请求他人帮助。

（6）低视力者除了学习下蹲、寻找的方法外，还应该手眼并用，进一步学习寻找一些颜色对比度较小、体积或面积较小的物体。

（九）请求帮助

视力残疾人行至交通繁忙的街道或迷失了方向，可以适当地请求他人帮助。

1. 动作方法　视力残疾人站立在路边注意到身边有人时，不失时机地请他人帮助，可以说："劳驾，请帮助我过一下马路！"若明眼人没有使用正确的技巧，而是在背后推视力残疾人或拉视力残疾人的手，视力残疾人应该运用接受帮助的技巧，委婉地让明眼人以正确方法带自己过街。

2. 注意事项

（1）当迷失方向或要通过拥挤的街道时，一定要请他人帮助以确保安全。

（2）要把握好请求他人帮助的时机，可以通过脚步声判断是否有人从自己的身边经过，选择合适的时机。

（3）注意以适当的音量请求帮助，声音不要过大也不要过小。

（4）请求帮助时的用语要礼貌，对帮助者不规范的方法应当委婉地予以纠正。

第三节　盲杖与盲杖技巧

一、盲杖

使用盲杖的意义是将视力残疾人的手臂延长，使视力残疾人能了解自己身体周围主要是地面的情况。使用盲杖行走是最常见的视力残疾人的行走方法，所以视力残疾人应该对盲杖的知识有所了解。本部分将侧重介绍盲杖的历史、种类、结构、构成材料、颜色、重量、长度、强度、传导性、盲杖的制作和选择等方面的知识。

(一) 盲杖的发展演变历史

《圣经》中曾记述用类似牧羊人手杖的盲杖作为辅助行走的工具。

第一次世界大战结束后,法国率先教视力残疾人使用白杖辅助行走,由于成效显著,很快传到了英美各国。1931年在多伦多召开的国际会议上,白杖受到世人的重视,手持白杖者在大街小巷行走具有优先权。

第二次世界大战后人们发现白杖有其不足(短、粗、重),为了弥补其缺陷,乃采用较长、较轻且坚韧的长杖(胡佛盲杖)并发明了一套与之相适应的技能(盲杖法),对视力残疾人行走有很大的帮助。

(二) 盲杖的种类 (图4-3-1~图4-3-2)

目前使用的盲杖主要有:弯把式盲杖、直段式盲杖、折叠式盲杖、三组红白相间的盲杖(可供盲聋人使用)等。

图4-3-1 直段式盲杖

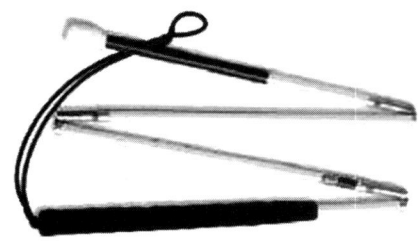

图4-3-2 折叠式盲杖

(三) 盲杖的构造 (图4-3-3~图4-3-4)

盲杖是由四部分构成的:腕带、手柄、杖体、杖尖。

1. **腕带** 固定在手柄顶端,一般选择松紧带或由其他粗细适宜的带子制成,视力残疾人在行走或持杖时把腕带套在手上,可以防止盲杖滑落;腕带的另一个功用是视力残疾人可以用它把盲杖挂起来。

2. **手柄** 手柄是视力残疾人持杖时的抓握处,一般用皮革或者橡胶等材料制成。最适宜的手柄是像高尔夫球杆样的手柄,一侧是平滑的。手柄一般长度约20厘米,便于视力残疾人舒适、牢固地抓握,各个手指可以控制盲杖的方向和运动。

3. **杖体** 杖体是盲杖的主体部分,一般由比重较轻的硬质铝合金等制成。杖杆直径 $10 (mm) \leq D \leq 22 (mm)$,杖体的长度依视力残疾人的身高而变化。

4. **杖尖** 杖尖是盲杖和地面接触的部分,一般用质硬的尼龙或硬塑料等制成。行走时地面的信息首先传导到杖尖,再由杖体传至视力残疾人的手部。

图 4-3-3 杖尖 1

图 4-3-4 杖尖 2

（四）盲杖的颜色

盲杖的颜色各地并不一致，但都必须遵循车辆与行人的高度可见的原则。设计时要根据国家、地区的特色，要和当地交通规则相适应，同时也要与 1964 年在美国通过的《国际白杖法》的规定相一致。盲杖应是白色或银白色并有红色反光胶带裹着杖身（苏格兰型），红色反光胶带的标准和要求是：

1. 一般视力残疾人的盲杖　从盲杖的手柄底部 9 厘米处算起，用一根约 30 厘米宽的红色反光胶带包裹杖身。

2. 可供盲聋人使用的盲杖　从盲杖的手柄底部 9 厘米处算起，用三段红色反光胶带包裹杖身，每段长 11 厘米，每段之间的距离为 9 厘米。

（五）盲杖的长度

盲杖的长度以保持杖尖能触及行走中视力残疾人前方一步的地面为宜，所以工厂制作的盲杖长短不一。视力残疾人的身高、步幅、肩宽、应急反应时间是决定盲杖长短的重要依据，一般长度取视力残疾人的剑突到地面之间的垂直距离。适宜的长度应由导盲教师与视力残疾人共同决定。

（六）盲杖的重量

盲杖的重量大约 175 克。盲杖不宜过重，以免在行走时加重视力残疾人手腕的负担而产生疲劳感。折叠式盲杖要重一些，因为附件较多，但一般不超过 250 克。

（七）盲杖的强度

视力残疾人选用的盲杖必须坚固耐用，要适合在各种路面上使用，正常情况下不易被折断；要有一定的弹性，不易弯曲，受力后能恢复原状，能精确地指向视力残疾人所要求的方向和距离。

（八）盲杖的传震性

选用的盲杖应能保证视力残疾人运用杖尖点触地面，在探索或检查地形构造和地面上的物体时，能敏感地将杖尖探索到的信息经过杖体及时传到视力残疾人持杖的手上，使视力残疾人根据手感的不同来辨别地面的情况，通过盲杖振动感知信息。对于折叠式盲杖来说，接头应牢固嵌紧，不能有松动和摇晃，以免信息流失。

（九）盲杖的选择

盲杖质量的优劣直接关系着视力残疾人行走的安全程度。盲杖最起码应具备信息传递和提供安全保障两项功能，所以在制作与选择盲杖时应考虑到以下 6 个方面：盲杖触地的杖头要坚韧、耐磨，并且具有滑润度；传导性要好，也就是要有相当的强度；耐久性要好；重量要适当；手部感觉到舒适而不易疲劳；大小、长度要适合视力残疾人的身高、步幅、肩宽、对障碍物的反应时间——视力残疾人的身材高、步幅大、肩较宽、对障碍物反应时间长则用略长的盲杖，反之则用略短的盲杖。

选择盲杖应符合视力残疾人自身要求。别人的感觉和意见只作为参考，最终决定权在视力残疾人本人。

☆（十）简易盲杖的制作

1. 材料　软塑料管、铝合金管、实心硬塑料、红色反光胶带、锯子、刀等。
2. 制作方法　截软塑料管 20 厘米，铝合金空心管一根，长度根据视力残疾人的需要而定，8 厘米长实心硬塑料一段（经过加工后，4 厘米能嵌在铝合金管子里），将软塑料管作为手柄套在铝合金管的一端，铝合金管的另一端嵌上 8 厘米的杖尖，再按规定贴上红色反光胶带，即可制成普通型盲杖。若盲杖过长，可把杖尖拿下来，锯短杖身即可得到理想长度的盲杖。

（十一）盲杖的优、缺点

1. 优点　之所以使用盲杖，就是因为盲杖有很多优点：
（1）盲杖是视力残疾人安全行走最有效、最经济的保障。
（2）盲杖能为使用者提供触觉和听觉的信息。
（3）在上下坡或遇到障碍物时可以提供一定的反应时间而不至于猛然撞上去。
（4）能够保护身体的下部。
（5）可靠、耐用，几乎不需要保养。
（6）不需要其他辅助性帮助，操纵灵活。
（7）明确标志了使用者的身份。
2. 缺点　盲杖不是万能的，它具有以下缺点：
（1）不能发现身体上部的物体，尤其是悬挂物及外伸的物体，因此，使用盲杖不能保护上部身体。
（2）盲杖不易存放，有时会绊倒别人。
（3）未经正规训练，使用效果不好。

（4）标志着使用者是视力残疾人，容易引发社会歧视。

二、盲杖技巧

（一）斜持握法（图4-3-5~图4-3-11）

1. 动作方法

（1）手的握法：用握手的方法握住杖柄。大拇指在盲杖的上端；食指自然贴于盲杖扁平一侧，指尖指向杖尖方向；中指和无名指与小指托住杖柄的下端；虎口向前。

（2）臂的位置：手握盲杖手柄，手臂伸直在身体的一侧放松下垂。

（3）盲杖杖尖触地向前滑动，直至手臂完全伸直。

（4）持杖手手腕内转使盲杖尖端滑向身体对侧，杖尖略超出对侧肩外约5厘米。

图4-3-5 斜持握法手部正面

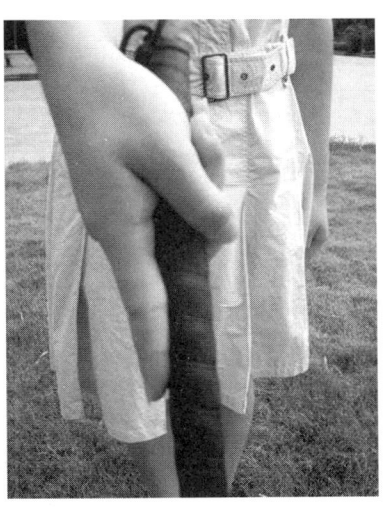

图4-3-6 斜持握法手部侧面

图4-3-7 持杖手下垂

图4-3-8 持杖手前伸

图 4-3-9　斜持握法正面　　　　　图 4-3-10　斜持握法侧面

图 4-3-11　斜持握法背面

2. 注意事项

（1）应先在持杖的那只手上建立起动觉意识，使持杖的手适应盲杖的手柄及重量，然后再结合行走进行训练。定向行走指导教师从三个角度进行观察（正面、侧面、背面），以检查视力残疾人动作的正确性。斜持握法是更复杂、更高级的盲杖技能的基础，所以视力残疾人一定要熟练掌握。

（2）在拥挤地区行走，斜持握法也可以采用"短杖姿势"，即视力残疾人将手臂稍弯曲，手握在手柄下部使盲杖更靠近身体。

（二）垂直握法（图 4-3-12～图 4-3-17）

1. 动作方法　垂直握法就是像抓铅笔一样抓握，拇指、食指、中指握住盲杖，使盲杖与地面保持垂直,持杖手在身体的一侧。

图 4-3-12　握铅笔法

图 4-3-13　握铅笔法局部放大

图 4-3-14　拳握法

图 4-3-15　拳握法局部放大

图 4-3-16　大拇指下压法

图 4-3-17　大拇指下压法局部放大

2. 注意事项　垂直握时盲杖有一定的高度,必要时可采用拳握法及大拇指下压法。

（三）斜杖直线行走（图4-3-18）

一般在宽阔通道、较大空间、有边缘线线索时常用斜杖直线行走的方法，有时在室外比较熟悉的环境中行走也采用这种方法。

1. 动作方法

（1）采用斜握法持杖，如果盲杖有弯头，可将弯头对着前面。

（2）上臂、前臂和手腕伸直，持杖手大约在大腿前方20厘米左右，手柄端略超出身体侧5厘米左右。

（3）盲杖与身体、地面成一定的角度，杖尖轻触到身体另一侧的地面。

（4）杖尖可以在地上滑行，当遇到地面有裂缝或遇到粗糙的路面时，可将盲杖略略提起，越过不平整的路面后再恢复原来的高度。

图4-3-18　斜杖行走

2. 注意事项

（1）先练习站立时的持杖方法，在熟悉的环境中进行直线行走训练，保持正确的盲杖位置，行走时保持适当的速度，以便持杖者在碰到障碍物时有足够的反应时间。

（2）身体未能正对前方，肩部扭曲或者手臂伸得太远会导致偏向。

（3）用杖尖沿着墙角、马路道牙及其他边缘线行走。

（四）持杖沿边缘线行走（图4-3-19）

在行走路线上有明显的边缘线时使用此法，如墙根、马路的道牙、草地边缘线等。

1. 动作方法

（1）视力残疾人通过盲杖发现边缘线。

（2）将身体面向边缘线延伸的方向，与边缘线平行前进。

（3）跨离边缘线小半步。

（4）利用斜杖直线行走技术，使盲杖的杖尖与边缘线接触，迈步前进。

图 4-3-19 持杖沿边缘线行走

2. 注意事项

（1）练习该技巧前预先找好特定的教学环境如马路的道牙、墙根等，在实际环境中学习与训练。

（2）在熟悉的环境中沿边缘线行走时，可以不配合使用上部保护法，但是在陌生环境中则最好配合使用上部保护法。

（3）在训练过程中，要注意不可偏向。

（五）**盲杖触地辨别**（图 4-3-20 ~ 图 4-3-23）

1. 动作方法　用盲杖在地面敲击或滑行时会将地面信息通过盲杖传递到视力残疾人的手上和耳中，视力残疾人可以根据触觉信息和听觉信息判断地面的情况，如辨别路况、察觉与判断路面障碍物等。

图 4-3-20　辨别砖面

图 4-3-21　辨别草地

图4-3-22　辨别石子地面　　　　　图4-2-23　辨别运动场

2. **注意事项**　平时使用盲杖行走时必须注意不同质地路面上声音及手感的差异，积累经验，用于判断地面的情况。

（六）**盲杖探索障碍物**（图4-3-24～图4-3-29）

1. **动作方法**　视力残疾人在行走过程中，若杖尖碰到障碍物的时候应立即停止前进，可将杖尖抵住物体，将盲杖缓缓地竖起靠近物体，以了解物体的高度；将不持杖的手虎口靠紧盲杖，四指外展，拇指贴在杖身一侧，从手柄处沿杖身慢慢地向下滑动，以了解障碍物的大小、质地和种类。

图4-3-24　盲杖碰到障碍物　　　　　图4-3-25　杖尖抵住障碍物

图4-3-26 探索障碍物

图4-3-27 触摸障碍物

图4-3-28 绕过障碍物

图4-3-29 沿原方向行进

2. 注意事项

（1）当盲杖碰到物体后，如果根据发出的声音就可以判断出是什么物体时，就没有必要再用手去探索，只要绕过物体沿着原来的路线向前行走即可。

（2）当盲杖碰到物体时，可以用杖尖轻轻探索一下物体的高矮或大小，但不要用力敲打物体，以免把物体打坏。

（3）如果遇到复杂的障碍物，仅仅使用盲杖不能了解障碍物，可结合使用上部保护和下部保护等技巧，以防该物体有空间探伸而造成伤害。

（4）当需要了解物体时，不持杖的手不能乱摸，以防危险。

（七）持杖进出门（图4-3-30～图4-3-35）

1. 动作方法 以铰链门为例：若门是关闭的（向内或向外的推拉门），则视力残疾人先要找到门的把手，用靠近铰链侧的手把门开到充分大，另一持杖手把盲杖移到身体的中线处，杖尖触地，前后来回在地面上"清扫"以探索门内的障碍物或判断是否有门槛或台阶等，然后左右点动进出门，并同时把门轻轻关上；若门是开的，则视力残疾人应当首先触摸到门框，把盲杖放到中间，前后"清扫"、左右点动即可过门。

图4-3-30 盲杖碰到门

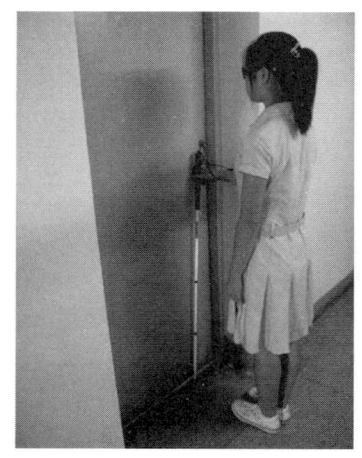

图4-3-31 利用盲杖找到门把手

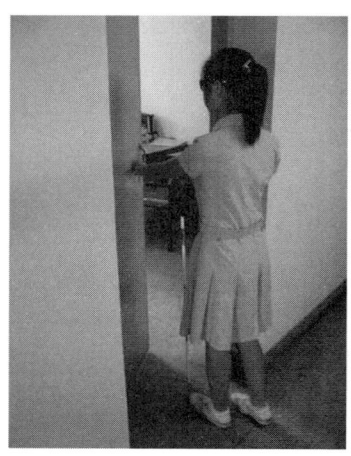

图4-3-32 开门

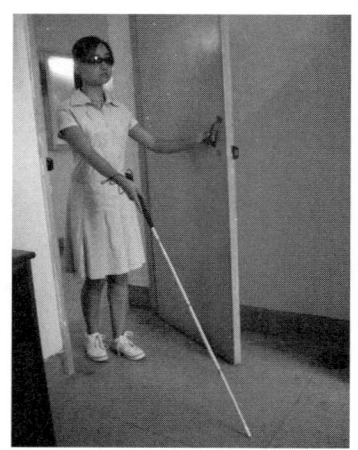

图4-3-33 从门走过（侧面）

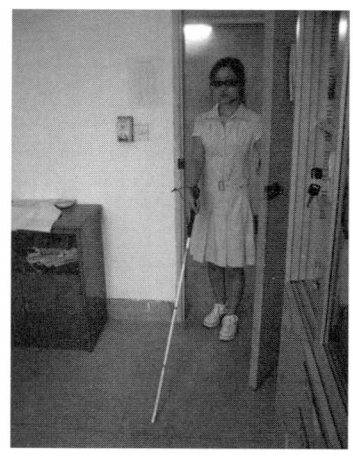

图4-3-34 从门走过（正面）

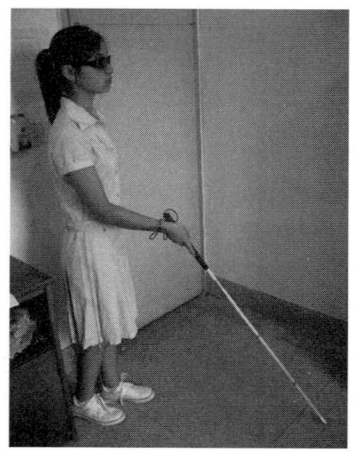

图4-3-35 关门

2. 注意事项　在进出门时，一定要用盲杖探索前面是否有障碍物，是否有门槛，以便正确应对。

（八）二点式触地行走——左右点地式行走（图4-3-36~图4-3-42）

1. 动作方法

（1）盲杖的握法：用握手的方法握住杖柄。大拇指在盲杖的上端；食指自然贴于盲杖的扁平一侧，指尖指向杖尖；中指托住杖柄且与拇指、食指紧握杖柄；无名指与小指起辅助作用；虎口向前。

（2）手腕动作：以手腕关节部位为支点，很自然地像鱼摇尾巴那样左右摆动手及盲杖，避免手腕僵直而使盲杖滚摇，正确的操作应使手腕左右弯曲摆动，手臂保持相对静止。

（3）手臂的位置：手臂自然前伸，手的正确位置应保持在身体中线附近前20厘米左右，盲杖应尽可能在身体中线延伸位置自然伸出。

（4）盲杖弧形摆动：盲杖依赖于手腕的运动左右振摆。盲杖的杖尖在地面的左右两侧击地，左右两侧击地点的距离稍宽于视力残疾人肩宽约5厘米。杖尖的摆动轨迹如弧形。杖尖在移动过程中略高于地面，弧顶高度大约离地2~5厘米。

（5）步伐：所谓步伐是指配合盲杖迈步的节奏。当右足前进（踏出）时，盲杖同时摆移至左侧地面上轻叩。当左足前进（踏出）时，盲杖同时摆移至右侧地面上轻叩。

（6）节奏：手摆动快步频就快，手摆动慢步频就慢，手脚协调。

图4-3-36　盲杖置于体侧

图4-3-37　持杖手臂前伸（侧面）

图4-3-38　持杖手在身体中线位置（正面）

图4-3-39　盲杖点触右侧地面

图 4-3-40 盲杖点触左侧地面

图 4-3-41 行进中（正面）

图 4-3-42 行进中（侧面）

2. 注意事项

（1）视力残疾人首先必须了解盲杖的各个部位，通过触摸，了解盲杖的长度以及杖柄、杖身、杖尖，学会正确地握持盲杖。

（2）练习预备动作：两臂自然下垂，右（左）手握住杖柄，紧靠在大腿一侧；握杖手臂向体前伸出且与盲杖在一条直线上；将持杖的手臂和杖体移到身体中线位置，手腕略高。

（3）原地练习手部的动作，发展动觉意识。练习时持杖站立于门框正中间；向后退一大步；盲杖杖尖找到门框；练习两边敲击门框，形成肌肉记忆；等左右距离动觉形成后再加入杖尖高度的要求。

（4）练习直线行走中的两点触地技巧。请明眼人帮助时刻检查并提醒视力残疾人盲杖处在身体中线位置，手腕略高，点触到肩的两侧，不能同手同脚。

（5）开始练习持杖行走时，应该选择比较空旷的广场或行人较少的道路，指导师在一旁具体指导并矫正错误动作。

（6）手腕略微上抬，以防盲杖遇到障碍物时突然停止而戳伤腹部。

△（九）三点式触地行走（图 4-3-43 ~ 图 4-3-45）

三点式触地技巧是两点式触地技巧的发展，主要用于路面比较复杂的地带及有明显边缘线的地带。

1. 动作方法　手部的动作和身体的姿势同两点式触地技巧，不同的是该技巧中盲杖杖尖先后探索三个不同的点：路面、路面、某边缘线（墙、路沿等），再路面、路面、某边缘线（墙、低矮灌木等）……。其中，前两次敲击同两点式触地技巧，击地点略宽于肩。第三次敲击需用杖尖轻敲边缘线，此时杖尖可能超出肩稍远。不强调节奏，只要求走得协调。

 图4-3-43　点触左侧地面　　 图4-3-44　点触右侧边缘线

图4-3-45　点触右侧草地

2. 注意事项

（1）不要以路面、边缘线的两点式触地法取代三点式触地法，中间一次杖尖触地主要目的是使视力残疾人发现所走路面是否有障碍物。

（2）肩部不要扭曲，以免走偏。

（十）持杖上（下）楼梯（图 4-3-46~图 4-3-55）

1. 动作方法

（1）上楼：视力残疾人走到梯楼正前面停下，用盲杖探索台阶最底层的台阶壁（初始阶），脚尖接触台阶且与之垂直，用盲杖探索台阶的高度、宽度、深度及其旁是否有扶手。若有扶手，人靠扶手一侧，持杖手伸直，用直握法握杖，使盲杖与地面垂直，上楼过程中盲杖始终与上一层台阶的边缘接触，叩响上一层台阶，用正常上楼方法上楼，当盲杖接触不到上层边缘线时，表明台阶已经走完。

图 4-3-46　接触楼梯

图 4-3-47　准备登梯

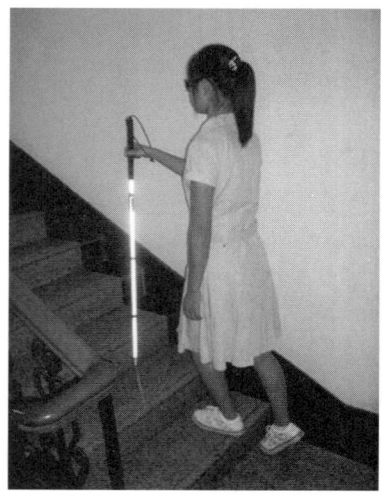

图 4-3-48　持杖开始上楼梯

图 4-3-49　持杖上楼梯途中

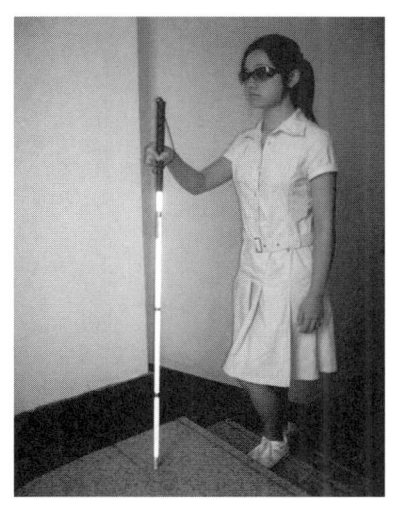 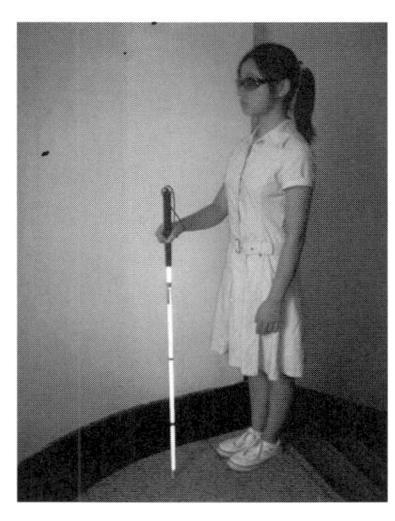

图 4-3-50　持杖走到楼梯顶部　　图 4-3-51　到达顶部稍作停顿

（2）下楼：视力残疾人在下楼时，首先用盲杖探索台阶最上一层的边缘，用双脚的前脚掌感觉台阶的前沿，用盲杖测量台阶的高度、宽度、深度及其旁是否有扶手，然后用斜持法或敲击法下楼，使杖尖始终保持在下一层台阶的上方略高一点点处，当盲杖杖尖触及地面时，视力残疾人便知道已经下完台阶。

图 4-3-52　持杖准备下楼梯　　图 4-3-53　持杖开始下楼梯

 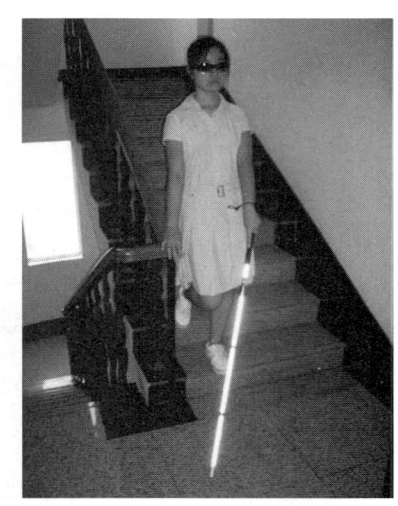

图 4 - 3 - 54　持杖下楼梯途中　　　　　图 4 - 3 - 55　持杖下到楼梯底部

2. 注意事项

（1）充分利用脚掌的感觉与杖尖的点触。

（2）对熟悉的楼层应当牢记台阶的数目。

（十一）持杖上（下）滚梯（图 4 - 3 - 56 ~ 图 4 - 3 - 61）

1. 动作方法

（1）上滚梯：首先要用盲杖找到滚动电梯的入口，用杖尖探索地面，感觉杖尖被拖动时即为电梯的第一级；站在入口处，两脚与滚梯台阶垂直，身体靠向扶手一侧，把手伸向身体前侧方并且放在扶手上，另一手用直握法或短杖斜持法持杖，在用手抓紧扶手的同时脚往前跨一小步，跨上滚梯。若感觉站在两个梯面之间，可作适当调整，使两脚站在同一梯面上；杖尖放在前一级梯面上。当手感觉到扶手不再往上而是平进，或感觉杖尖下降时，则表明电梯快到顶部了，此时脚要往前跨一步，跨出滚梯并迅速撤离滚梯口。

图 4 - 3 - 56　走上滚梯　　　　　图 4 - 3 - 57　持杖上滚梯

图 4-3-58　走出滚梯

（2）下滚梯：视力残疾人要先找到电梯的入口，用盲杖探试第一级台阶，双脚与台阶垂直，身体靠向扶手一侧，把手放在扶手上，另一手用斜持法持杖，杖尖接触到下一台阶的梯面。在用手抓住扶手的同时一只脚向下跨一小步，另一脚跟上并及时调整脚及身体与电梯的位置。这时扶手的运行是向前下的。当感觉到扶手平进或杖尖上升时，则表明电梯快到底部了，此时往前跨一步，跨出滚梯并迅速撤离滚梯口。

图 4-3-59　走上滚梯

图 4-3-60　持杖下滚梯

图 4-3-61　走出滚梯

2. 注意事项

（1）首先须了解滚梯的结构、运动方式。

（2）练习中明眼人多给讲解，并加入语言提示。

（3）抓住扶手的动作与跨步上、下滚梯动作要一致，以防动作不协调而致受伤。

（4）如果双脚位置或身体与滚梯位置不合适，应及时调整。

（5）上下滚梯结束后，尽快离开，以免阻挡后来人的去路。

（十二）持杖窄道敲击术（图 4-3-62、图 4-3-63）

1. 动作方法　在农村或山区有的道路比较窄，很难利用两点式触地行走法，视力残疾人可以将持杖手及盲杖置于身体中线前，用杖尖有节奏地敲击行进方向的路面，感知行进方向的路况。

图 4-3-62　敲击窄道（侧面）

图 4-3-63　敲击窄道（正面）

2. 注意事项

(1) 由于行走的道路较窄,盲杖敲击的频率要高。

(2) 脚的行进方向与盲杖探索的方向必须一致。

(3) 路况不佳要及时停下,确认后决定是否通过。

(十三) 短杖技术 (图4-3-64、图4-3-65)

1. 动作方法 当视力残疾人在交通繁忙地段行走时,应该将盲杖点触技能略作适当变通,为的是不影响他人或车辆的通行。将持杖手沿手柄向下滑动,直至食指滑到杖身金属部分为止,这样盲杖便成了一根短杖。行进时将步伐迈得小些;其他同两点式触地技巧。

图4-3-64 短杖技术手的位置

图4-3-65 短杖技术行走

2. 注意事项

(1) 该技巧是两点式触地技巧的延伸,只不过是将盲杖伸出的部分"变"短了而已,所以动作还必须规范。

(2) 可以先在空旷场地练习,熟悉之后再到交通繁忙地段应用。

(十四) 携杖置杖 (图4-3-66~图4-3-68)

1. 动作方法 视力残疾人可在明眼人的引导下,将盲杖竖立收起紧贴身体的一侧;进入室内后,可把盲杖放在门背后或座位底下;坐在公共汽车上可将盲杖竖放在两膝之间并抱在胸前;在电影院里,可将盲杖放在自己的座位前。如果是折叠式盲杖,则可把盲杖折叠后收起来,放在包里或自己的口袋里。

图4-3-66 持杖随行

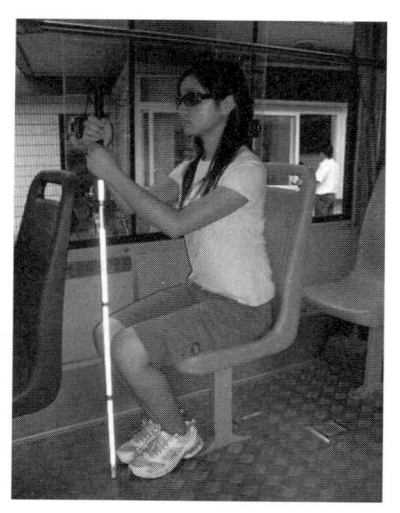
图4-3-67 公共汽车上置杖

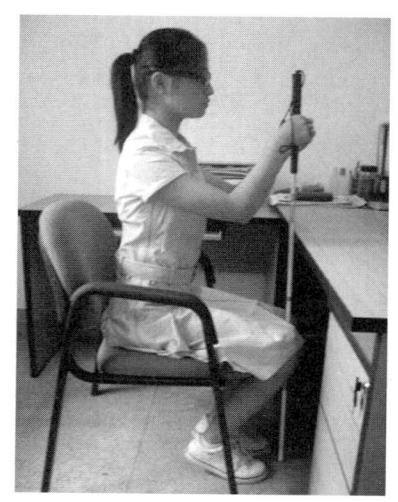
图4-3-68 会场与教室等置杖

2. 注意事项 不使用时,需要把盲杖置于比较方便并且安全的地方,否则不但自己再用时寻找不方便,也容易把别人绊倒。

(本章作者为南京特殊教育职业技术学院沈剑辉副教授)

第五章　无障碍设施与助行方法

第一节　无障碍设施概述

一、无障碍环境的发展历程

无障碍环境包括物质环境无障碍、信息和交流无障碍。

物质环境无障碍主要是要求：城市道路、公共建筑物和居住区的规划、设计、建设应方便残疾人通行和使用，如城市道路应满足坐轮椅者、拄拐杖者通行和方便视力残疾人通行；建筑物应考虑出入口、地面、电梯、扶手、厕所、房间、柜台等设置残疾人可使用的相应设施和方便残疾人通行等。

信息和交流无障碍主要是要求：公共传媒应使听力言语和视力残疾人能够无障碍地获得信息，进行交流，如影视作品、电视节目的字幕和解说，电视手语，方便视力残疾人的有声读物等。

20 世纪初期，由于人道主义的呼唤，建筑学界产生了一种新的建筑设计方法——无障碍设计。它运用现代技术建设和改造环境，为广大残疾人提供行动方便和安全空间，创造一个"平等参与"的环境。国际上对于物质环境无障碍的研究可以追溯到 20 世纪 30 年代初，当时在瑞典、丹麦等国家就建有专供残疾人使用的设施。1961 年，美国制定了世界上第一个《无障碍标准》。此后，英国、加拿大、日本等几十个国家和地区相继制定了法规。

△二、我国无障碍设施的现状

无障碍设施是指为保障残疾人、老年人、儿童和其他社会成员的通行安全和使用便利，在道路、公共建筑、居住建筑和居住区等建设工程中配套建设的服务设施。它包括在城市干道、主要商业街、广场、步行街的人行道上设置盲道和提示音响等信号装置；市区和郊区在交叉路口及人行横道等处设置缘石坡道；在银行、公园、医院、电梯、卫生间等公共场所设置便利的设施。

我国最早提出无障碍设施建设是 1985 年 3 月，当时中国残疾人福利基金会、北京市残疾人协会、北京市建筑设计院联合在北京召开了"残疾人与社会环境研究会"，发出了"为残疾人创造便利生活环境"的倡议；同年4月全国人大六届三次会议和政协六届三次会议上，部分人大代表、政协委员提出了"为残疾人需求的特殊设置建设"的提案和建议。1986年7月，建设部、民政部、中国残疾人福利基金会共同编制了我国第一部《方便残疾人使用的城市道路和建筑物设计规范（试行）》，1989年颁布实施。

2001年8月1日，建设部、民政部、中国残联又联合发布了重新修订的《城市道路和建筑物无障碍设计规范》，并将其中24条内容列为强制性实施条文。

随着经济和社会的发展，残疾人素质得到较大提高，参与社会生活的能力在增强，残疾人对城市道路、公共服务建筑物等设置无障碍设施的愿望和要求显得日益迫切。无障碍设施建设已成为残疾人、老年人等特殊群体参与社会生活、共享经济社会发展成果的必要条件，同时它也直接影响着我国城市的国际形象。

近年来，无障碍设施建设日益受到各级政府和社会各界的重视，我国部分大中城市的无障碍设施建设取得了一定的成绩，北京、上海、天津、广州、深圳、沈阳、青岛等大中城市比较突出。在城市道路中，为方便视力残疾人行走修建了盲道，为方便残疾人乘轮椅出行修建了缘石坡道。大型公共建筑物修建了方便乘轮椅的残疾人和老年人从室外到室内的进出坡道，以及方便使用的无障碍设施（楼梯、电梯、电话、洗手间、扶手、轮椅位、客房等）。但总的来看，《城市道路和建筑物无障碍设计规范》还没有得到较好的落实，同残疾人的需求及发达国家和地区的情况相比，我国的无障碍设施建设还较为落后。

△三、我国推动无障碍设施建设的法规、政策

1990年12月，全国人大常委会颁布的《中华人民共和国残疾人保障法》规定："国家和社会逐步实行方便残疾人的城市道路和建筑物设计规范，采取无障碍措施。"国务院批准执行的中国残疾人事业五年工作纲要以及"八五"、"九五"、"十五"、"十一五"计划纲要，也都规定了建设无障碍设施的任务与措施。

1998年4月，建设部发出《关于做好城市无障碍设施建设的通知》（建规（1998）93号），主要内容是有关部门应加强城市道路、大型公共建筑以及居住区等建设的无障碍规划、设计审查和批后管理、监督。

1998年6月，建设部、民政部、中国残联联合发布《关于贯彻实施方便残疾人使用的城市道路和建筑物设计规范的若干补充规定的通知》（建标〔1998〕177号），主要内容是切实有效地加强工程审批管理，严格把好工程验收关，公共建筑和公共设施的入口、室内，新建、在建高层住宅，新建道路和立体交叉桥中的人行道，各道路路口、单位门口，人行天桥和人行地道，居住小区等，均应进行有关的无障碍设计。

《城市道路和建筑物无障碍设计规范》于2001年8月1日起正式实施。

四、盲道及其使用

（一）盲道（图5-1-1、图5-1-2）

盲道是在普通人行道上铺设一种固定形状的地面砖，促使视力残疾人产生不同的脚感，引导他们向前行走和辨别方向，使之顺利到达目的地的通道。

1. 盲道砖面简介　现行的《城市道路和建筑物无障碍设计规范》中规定盲道砖面分为两种：一种是条形砖面，引导视力残疾人前进；另一种是有圆点的提示砖面，提示视力残疾人前面有障碍物、该拐弯或提示有路口。

2. 不同砖面的作用　目前通用的形式是：条棱砖——直行；大圆点——到达某具体位置；小圆点——止步。盲道作为无障碍设施的一种，使冰冷的道路生出无限温情，在给视力残疾人带来行路方便的同时，也体现着全社会对视力残疾人的关爱。

图 5-1-1　行进盲道

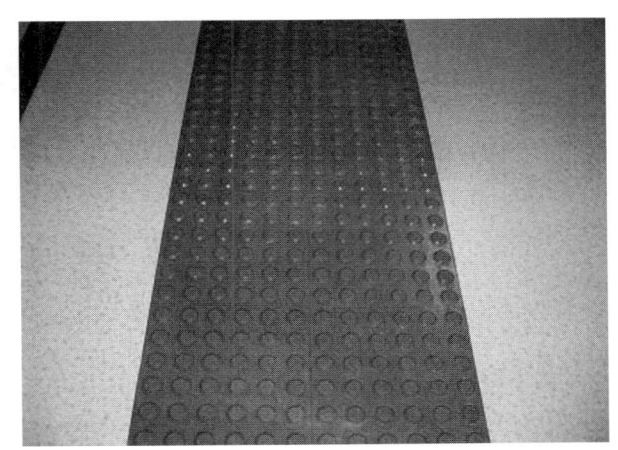

图 5-1-2　止步盲道

（二）盲道的使用

近年来，随着城市建设步伐的加快和公共设施的日益完善，各地在进行城市道路改造时，专门设计和铺设了盲道。视力残疾人持杖行走时，利用盲道作为路标是最安全有效的，盲道不仅是城市文明的体现，更让人感受到社会人文关怀所体现的平等与尊重。在现实生活中，盲道成了视力残疾人安全行走的绿色通道，给视力残疾人的工作、生活等带来极大方便。盲道已成为城市中一道亮丽的风景线，十分引人注目。

在建设和谐社会的今天，全社会要高度关注视力残疾人这一弱势群体，引导更多的视力残疾人正确使用盲道，促使他们走向阳光，走向大自然，促进他们的身心健康，提高他们的生活质量。

（三）提高盲道的利用率（图 5-1-3）

虽然盲道被越来越多的视力残疾人所认可，但盲道被占的现象时有发生，视力残疾人在被侵占的盲道上行走既困难又不安全，而且使盲道的利用率大大降低。为了提高盲道的利用率，政府部门要加强合作：做到盲道设计合理、规范，宣传的力度进一步加大，盲道不被占用，而且在出现损坏时及时维护。

只有盲道处于完好状态，视力残疾人才愿意行走在这真正的绿色通道上，才能提高盲道的利用率，在建设和谐社会的进程中发挥应有的作用。

5-1-3 利用盲道行走

第二节　助行方法介绍

一、简易助行器

简易助行器是行走时作为提前探路、避免磕碰、简单地保护视力残疾人的助行器械。常见的简易助行器包括呼啦圈、儿童推车等。

☆二、导盲犬（图5-2-1、图5-2-2）

13世纪中国就有关于视力残疾人使用导盲犬的记载，系统地为视力残疾人训练导盲犬始于18世纪的欧洲。第一次世界大战后，在德国建立了第一所导盲犬学校，探索了导盲犬训练的方法和视力残疾人与导盲犬协作的经验，1929年传到美国并迅速扩展开来。目前世界上有德国、美国、意大利、英国、丹麦、澳大利亚、日本、中国等国家有导盲犬训练基地。

（一）适用者人选

其实并不是每个视力残疾人都适合使用导盲犬，这要取决于视力残疾人的个人爱好、生活环境、运动能力、残余视力、年龄、身体健康条件、定向技能、安全意识以及能否与导盲犬和睦相处等多方面的因素。使用导盲犬的视力残疾人应具备如下条件：喜欢有狗做伴，爱行走且走路速度中等以上（5~6公里/小时），经常到户外活动，忙于社会事务，自己的残余视力有限且不足以维持定向行走，年龄在16岁以上，有较好的身体平衡协调能力，智力中等以上，情绪稳定、不急躁，安全意识强，信任导盲犬等。

（二）导盲犬的选择与驯养

导盲犬一般选择聪明、健康、性情温和、体重在20~35公斤左右的狗。

导盲犬在 8 个月大时寄放到一般家庭里抚养至 1 岁；然后返回导盲犬训练学校进行服从训练、定向训练、与视力残疾人沟通的训练、拒绝执行危险命令的训练；再进行与视力残疾人的匹配训练，如性情、身高、生活地区、运动水平、残余视力、健康条件、定向技能等。

（三）导盲犬的用法

犬导盲的方法一般是给导盲犬戴一个大小合适的脖子圈，在脖子圈上面套一个长度合适的"U"形硬把手，行走时视力残疾人抓着把手，这样导盲犬的行走信息就可以被视力残疾人随时了解，休息的时候，解开把手让导盲犬自由活动。

（四）导盲犬的优缺点

1. 导盲犬的优点　可以带领视力残疾人绕过障碍物；拒绝执行危险的命令；导盲犬行走的速度与人相近；促进视力残疾人进行社会交往。

2. 导盲犬的缺点　需要花费时间照顾喂养导盲犬；在一定的社交场合或场所不适用；有时导盲犬比视力残疾人更受到人们的关注。

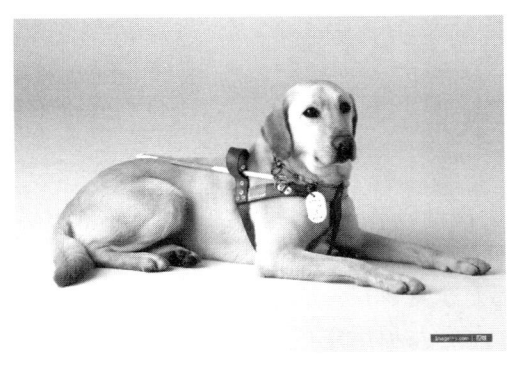
图 5-2-1　导盲犬 1

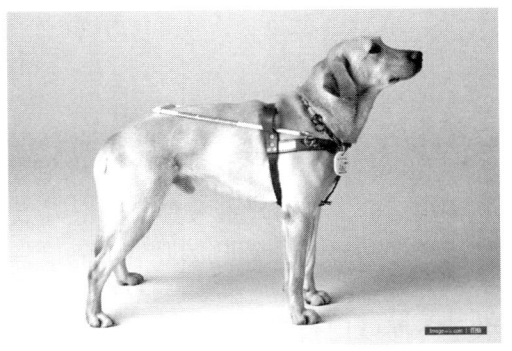
图 5-2-2　导盲犬 2

△三、电子助行器

电子助行器是一种协助视力残疾人定向与行走的电子辅助装置，它能够对某一特定的区域范围内发射信号（如电波、超声波、激光等），使视力残疾人感知周围世界并及时反馈，对定向行走进行调节。

电子助行器的种类有：林赛道路响声器（Linsay rusell pathsound）、激光盲杖、超声波导向仪、毛沃特感受器（Mowat senser）等。

使用电子助行器可以帮助视力残疾人获取更大范围的定向信息，提高定向行走的速度和准确性，有的电子助行器还可以对空中障碍物发出警报。但是，电子助行器价格昂贵、掌握使用方法有一定的难度、对地面起伏的感知性能不够灵敏，所以视力残疾人一般都不用它。

（本章作者为南京特殊教育职业技术学院沈剑辉副教授、曹卫红副教授、吴洪菊副教授）

第六章 定向行走在实际生活中的应用

定向行走广泛应用于视力残疾人的生活自理、家务劳动和一般性劳动操作、社交礼仪及休闲娱乐等实际生活中。要针对视力残疾人的具体情况，根据其特殊需要确定训练内容，把定向行走训练和生活技能训练有机地结合起来，才能有效地促进生活技能的形成。

第一节 在家庭生活中的应用

一、个人卫生

日常生活中，视力残疾人都会有个人卫生方面的动作行为，如洗脸、刷牙、洗澡、洗头、剪指甲、刮胡子、皮肤护理、口腔卫生、眼睛卫生、用餐卫生、用厕卫生、青春期卫生、衣物穿戴搭配、擦皮鞋等。这些日常事务都要涉及到方向及方位等概念，与定向行走密切相关。下面以用厕活动为例，提示训练视力残疾人利用定向行走技能处理个人卫生的方法。

【用厕活动】

上厕所是一项特殊的训练。当视力残疾人试图学习上厕所时，要给他以鼓励。在训练时，应注意：

1. 视力残疾人在开始练习自己上厕所之前，必须知道厕所的结构情况和使用方法。
2. 带视力残疾人实地去厕所，了解厕所的位置和方向。
3. 让视力残疾人了解便池、水龙头和水槽等设施。
4. 让视力残疾人了解便纸的位置、纸篓的位置，教给视力残疾人冲洗厕所的步骤。
5. 逐渐训练视力残疾人独立上厕所。

二、家务劳动

打扫整理，洗、晾、叠衣服，烧、倒开水，烧饭烧菜，餐前准备，餐后处理，禽畜喂养，田地劳动，安全使用水、火、电、煤气等家务劳动，也涉及到方向及方位等有关概念，视力残疾人只要通过定向行走的训练是可以自理的。下面以抹桌子为例，提示训练视力残疾人利用定向行走技能进行力所能及的家务劳动。

【抹桌子】（图6-1-1、图6-1-2）

1. 进行室内定向，采用沿物行走、穿越空间等技巧取抹布。
2. 用相同技巧找到桌子。
3. 建立桌子的完整概念。
4. 采用上下、左右逐步搜寻方法，确保全部抹净桌面。

图6-1-1　触到桌面

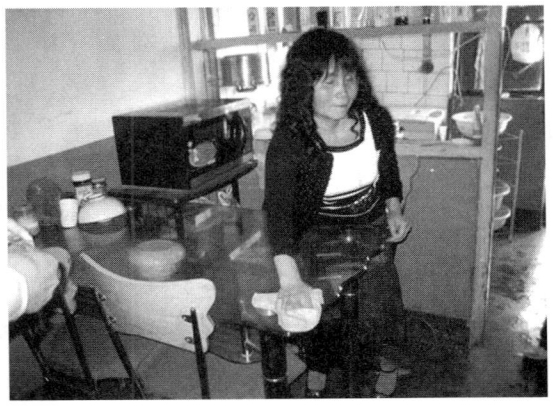
图6-1-2　抹净桌子

三、休闲娱乐

现代生活需要收听广播、看影视、阅读书籍、唱歌、跳舞、演奏乐器、编织、种花草、养宠物、打牌、下棋、上网、运动健身、旅游等休闲娱乐活动，视力残疾人只要通过定向行走的训练，完全能够参与这些活动。下面以看电视为例，提示训练视力残疾人利用定向行走技能进行休闲娱乐活动。

【看电视】

1. 进行室内定向，确定电视机的位置。
2. 采用沿物行走技巧、垂直定位技巧、穿越空间技巧等找到电视机。
3. 建立电视机的概念，确定开关的位置，按下开关接通电源，调台和调节音量。
4. 建立遥控器的概念，确定各功能键的位置，并进行操作。
5. 通过声源定向找到电视机，并及时关闭电视机。

第二节　在社会生活中的应用

一、道路行走

人行道、路沿、盲道、小区道路、天桥、地道、石子路、泥土路、田间路、山路、斑马线、十字路口等都是视力残疾人社会生活的实际环境,通过训练,可以使视力残疾人在这些环境中安全、有效、独立、自然地行走。下面以活动的形式,提示训练视力残疾人道路行走的具体方法。

【持杖沿路沿行走】(图6-2-1)

1. 路沿是车行道和人行道及其他地面的分界线,也是视力残疾人行走的边缘路标线。路沿一般用长方形水泥块砌成,高度约为15cm~20cm。路沿下,车行道的边缘路面上设有排水口,上有铁算覆盖。路沿上,向外平展至房屋或建筑物的空间地面,多为"人行道"或其他地面。

2. 利用两点式触地行走与斜持握盲杖的技法沿路沿行走,能保证行走方向的正确性,确保视力残疾人顺利到达目的地。

图6-2-1 持杖沿路沿行走

【持杖在人行道上行走】(图6-2-2)

1. 人行道多以水泥预制的方块板铺设路面,也有的人行道上还专为视力残疾人行走铺设了导盲板,简称"盲道"。

2. 视力残疾人专用人行道的预制导盲板上有两种标记,一种是表示"行进"的条形标记,另一种是表示"止步"和"转弯"的圆点标记,并与正常人行道有颜色上的明显区别,以利于有剩余视力者使用。现在室外所用盲道大多是水泥预制成的,也有的用石材制成,室内所用的盲道还有合成材料及金属材料等多种质地。

3. 采用两点式触地行走与斜持握盲杖等技法行走时,要随时注意脚底下的盲道标记的变化,及时调整行进方向。

图 6-2-2 持杖在人行道上行走

【持杖在农村道路上行走】（图 6-2-3～图 6-2-8）

农村道路与城镇街道有所不同，有公路、土路、石子路、田间路和山路等，并且以土路最为多见。

1. 公路

（1）农村通往城镇的道路，为"公路"。公路的路面较宽，多为柏油路。公路上常有客运与货运长途汽车、拖拉机等机动车辆和马车、手推车、自行车等非机动车辆通行。没有警察指挥交通，十字路口也没有指示灯。公路两边与土地相接，没有路沿和交通标志，但有树木或其他标志物。

（2）视力残疾人行走时，可在公路一侧运用持杖三点式触地法行走，前两次点触用来探索脚前路面，第三次点触柏油路边。横过公路时，应首先转向路面站好，聆听两边过往车辆的声音，待近处没有车辆通行时可持杖横穿路面。如果没有确切把握，就要耐心等待，必要时应请明眼人帮助。

2. 土路

（1）以泥土夯实铺设的路面为"土路"。土路上有行人脚印或车辆的辙痕，雨雪天气路面泥泞，刮风时路面尘土较多。

（2）视力残疾人行走时，可靠路边用斜持握法握住盲杖，用杖尖轻触路面平行划动，慢慢前行，以探索坑洼或其他杂物，防止磕绊。

图6-2-3 持杖在农村道路上行走

3. 石子路

(1) 以扁石块或鹅卵石拼铺的路面为"石子路"。石子路虽然坚实,但路面粗糙、凸凹不平。石子路多在住户院内的通道或井台周围铺设。

(2) 视力残疾人在石子路上行走时脚感明显,易于判断,但应谨慎从事,适宜用直握法持杖探知路面情况以确保安全行进。

4. 田间路

(1) 田间路的路面很窄,通常为只能一人通行的土路。不同的田地,可有不同的田间路面。

(2) 视力残疾人在田间路面上行走时,可用斜持握法持杖,以杖尖探触旱田路旁的杂草或垄台沟痕;在水田、菜田里,可用杖尖在身体中线处向前连续直点"坝埂"和"田坎"并且缓步行走,杖尖点空时应立即停止前进,用杖尖探索是否走到了路的尽头或者是否发生了偏向。

图6-2-4 持杖在田间小道上行走

5. 山路 根据山坡的陡势,山路多开成"盘山路"或"蛇形路"。

（1）视力残疾人在山路行走时，可用斜持握法持杖，杖尖平划于路面，以探索裸露的石尖或石块；下坡行走时更应小心谨慎，以防止滑倒。

图6-2-5 山路两点式触地行走（正面）　　图6-2-6 山路两点式触地行走（侧面）

图6-2-7 山路拳握式持杖行走（正面）　　图6-2-8 山路拳握式持杖行走（侧面）

（2）应加强视力残疾人走山路的训练。

【持杖横穿马路】（图6-2-9～图6-2-13）

1. 视力残疾人横穿马路时首先用脚后跟靠紧路沿，使前进方向与马路垂直，手举盲杖（提示过往行人：视力残疾人即将过马路），细心倾听车辆行人的声音，当听到没有机动车的声音或听到车辆停止行进的声音时，跟着同向行走的人，用两点式触地方法迅速通过马路。

图6-2-9　找到过街的斑马线　　　图6-2-10　倾听车辆、行人的声音

图6-2-11　竖起盲杖引起他人注意　　图6-2-12　在确知安全的情况下迅速通过马路

图6-2-13　到达对面安全带

2. 该技巧在定向行走训练中难度较大，视力残疾人应首先学会听音辨位，再用垂直定位的方法确定过街的路线，要有良好的直线行走技能和方向修正技能，要在确知安全的前提下不失时机地过街。如果要过"十"字路口，则采用两次横穿马路的方式走直角通过，不能走斜线（对角线）通过。如果该路口交通特别繁忙，汽车等交通工具的声音杂乱无章，最好请明眼人帮助过马路。

二、利用交通工具出行

视力残疾人通过训练完全能够乘坐公交车、出租车、人力车、☆轮船、☆地铁、☆轻轨车、☆火车、☆飞机等交通工具。下面以活动的形式，提示训练视力残疾人利用交通工具出行的具体方法。

【持杖乘公共汽车】（图6-2-14～图6-2-21）

视力残疾人可以根据汽车停车时的声音判断车的位置，根据车门开启的声音、乘客上下的脚步声及说话声判断车门的位置。

1. 上车　右手用握拳法持杖，持杖手臂略向前伸，盲杖略向上抬起，杖尖悬空，轻轻左右摆动盲杖并向前行走寻找车门，当找到车门时，用左手扶着门框或扶手并用盲杖探寻台阶的高度，然后上车，上车后用左手探寻车的扶手并且站稳；当有人让座时应说声谢谢，落座后把盲杖放在两腿之间并用右手握持盲杖柄的顶端以防伤及他人。持折叠式盲杖者应及时将盲杖折叠收起。

图6-2-14　持杖找到车门

图6-2-15　探索车门

图 6-2-16 持杖上车

图 6-2-17 找到座位后坐稳

2. 下车　找到下车的车门，用盲杖试探到下车的台阶，用左手扶着门框或扶手并用盲杖探寻台阶的高度，用斜持握杖法与敲击法下车，当脚着地后用盲杖探索周围环境。等到站稳后再定向，然后向新的方向前进。

图 6-2-18 准备下车

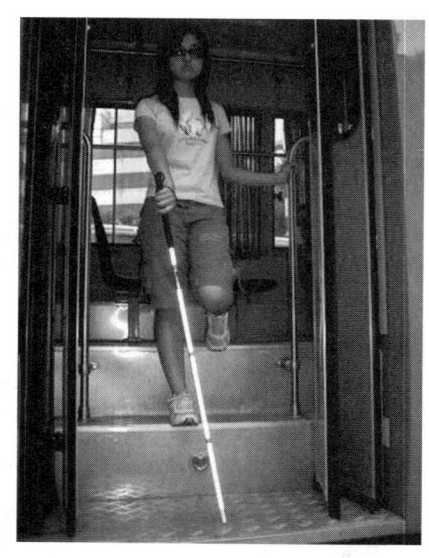
图 6-2-19 持杖下车

图 6-2-20 盲杖触地　　　　　　　　图 6-2-21 下车后准备行走

3. 视力残疾人应在模拟汽车站台练习上、下汽车，然后再到实地练习；视力残疾人应准确判断汽车的位置，在确保安全的情况下及时找到车门后再上车；下车时提前到达下车车门旁，待车停稳后再用正确的方法下车。如果上、下车困难，则请求明眼人帮助。

【持杖乘出租车】（图 6-2-22 ~ 图 6-2-32）

1. 持盲杖站在马路边，仔细倾听行驶着的汽车声，判断是小轿车时伸出手，若为出租车即会停下来。此后视力残疾人使用两点式触地方法走向汽车，当盲杖遇到汽车时，用空闲的手触摸寻找车门并打开车门，及时调整盲杖的持握手，当车门打开后，一手扶车顶，一手扶车门，靠近车门的腿先跨入车内然后坐入车内座位，最后收腿，把盲杖平放于双腿上再关车门。上车后向司机说明目的地，到达目的地后要交付乘车款并且索要发票。

图 6-2-22 持杖走近出租车　　　　　图 6-2-23 找到车门

图6-2-24 打开车门

图6-2-25 进入出租车

图6-2-26 收好盲杖

图6-2-27 关上车门

2. 下车时首先要开门，把外侧腿伸出，再把盲杖伸出，两腿落地的同时用空闲的手扶车门顶部并起身出门。站稳后向司机告别或道谢，并且轻轻关上车门。然后定向，并且继续前进。

第六章　定向行走在实际生活中的应用　　**93**

图 6-2-28　付费后打开车门

图 6-2-29　下出租车

图 6-2-30　准备关车门

图 6-2-31　关车门

图 6-2-32　探索周围的路况

3. 应先用普通轿车进行练习，学会伸手拦车及上下车的方法。在马路上拦车要注意安全，上车后要说清目的地。

△【持杖乘地铁或轻轨车】（图6-2-33～图6-2-39）

1. 视力残疾人使用两点式触地方法行走到地铁口或轻轨站口时，会有风吹出来并有可能听到列车开动的声音，判断此为车站口后，使用持杖上、下楼梯的方法，经过视力残疾人专用通道到达站台，了解列车行驶的方向以便乘车。当车进站停稳后通过车门开启的声音辨别门的位置，用盲杖在地面上平推探寻，找到车门，用空闲的手扶门框进入车内。进入车内以后用空闲的手扶着扶手行走到车厢的中央。用持杖手握住盲杖顶端，以防止盲杖伤人。当有乘客让座位时应表示感谢。

2. 注意聆听列车内的广播报站，以便在相应的车站下车。

3. 当到达目的地时使用类似于乘公交车的方法下车，走出站台，循乘客交谈的声音或沿盲道使用两点式触地方法走出车站。若有滚梯，使用相应的持杖法乘滚梯出站。

图6-2-33　沿盲道行进

图6-2-34　找到车门

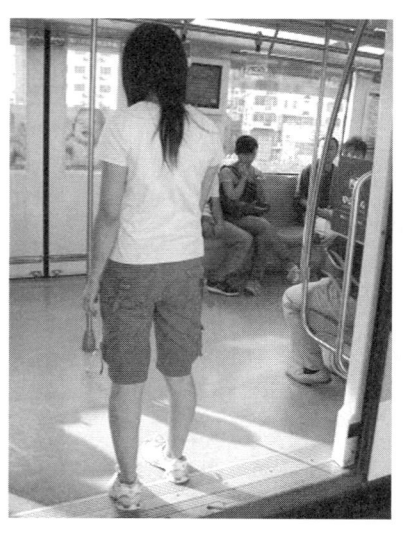

图6-2-35　进入车厢

图6-2-36　找到座位并且坐稳

图6-2-37 到站后准备下车

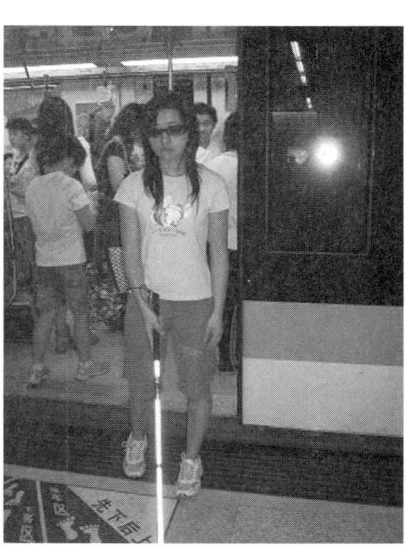
图6-2-38 走出车门

图6-2-39 沿盲道走出车站

4. 视力残疾人要了解地铁站与轻轨站的概况，学会通过盲道及明显的标志物找到站台及车门的位置。上车的动作要快，不要被车门夹住。下车时提前作好准备，下车后通过盲道或标志物出站。如有困难及时请求帮助。

三、到达目的地的活动

在实际生活中，视力残疾人也会去商场、超市、店铺、菜场、集市、△医院、卫生所、公园、花园、社区、△邮局、△银行、☆证交所、餐馆、理发店、学校、工作地、影剧院、△体育场馆、农田、菜地、居委会、村委会、☆火车站、☆机场等地方，虽然农村和城市的视力残疾人所要到达的目的地不尽相同，但是只要对他们加强这方面的训练，视力残疾人都可以自己到达目的地。

【持杖到菜地】（图6-2-40）

1. 了解自家菜地的方向、位置及概况。
2. 使用盲杖技巧或独立行走技巧走到菜地。
3. 当田间路太窄时可以采用敲击法等向前行进。
4. 了解所种蔬菜的种类、位置和成熟情况。
5. 把所收获的菜放到相应的地方。

图 6-2-40　走到菜地

【到超市购物】
1. 决定去哪家超市，预先了解超市概况。
2. 采用盲杖技巧、独行技巧及乘车（公共汽车、出租车、地铁等）技巧到超市。
3. 到超市入口处进行定向，决定到哪一层（上下楼梯或滚梯）。
4. 了解超市的布局，采用盲杖技巧或导盲随行技巧等到达相应的物品区域。
5. 选购物品（通过触觉、嗅觉等选购或请求帮助）。
6. 利用各种感觉信息，使用盲杖技巧或独立行走技巧等到收银区排队付款。
7. 走出超市后使用相应的行走技巧或乘坐交通工具回家。

四、与人沟通

视力残疾人要有良好的沟通能力，通过礼貌用语请求别人帮助，因此语言表达能力、社交能力要强，仪态要端庄，才能较好地完成任务。

【请求帮助】
1. 当迷失方向或自己难以到达目的地时及时求助。
2. 求助时要用礼貌用语。
3. 语言表达要清晰，说清楚目的地。
4. 当对方采用不正确的姿势帮助时要及时纠正。
5. 外出行走与人交往要有礼貌，姿态、服饰得体，不大声吵闹。
6. 得到帮助后要及时致谢。

△五、异常天气中的行走

异常天气中的行走是指视力残疾人在刮风、下雨和下雪天的持杖行走。

1. 风天行走

（1）视力残疾人在风天外出行走时，首先要明确风向，行走过程中可以把风向作为依据判定自己行进的方向。风刮在不同的物体上可产生不同的声音，视力残疾人可以根据风声判断周围的环境和自己所处的位置，确定行走的方向。

（2）视力残疾人利用风向和风声进行定向、定位，仅是一种可供参考的辅助方法，风向不定或风大时容易产生误导而发生偏向。

2. 雨天行走

（1）下雨时行走方法：

1）雨具的选择：视力残疾人在下雨时外出行走，应穿雨衣，不应打雨伞。

2）盲杖探索的方法：下雨时，地面积水或雨水流动会增加盲杖探索的阻力。因此，持杖探索时应适当加大杖尖对地面点击的力度，以便探索到位。

（2）雨后行走方法：

1）积水道路行走：雨后路面有积水，杖尖探到积水处要进一步探知水的深浅，要绕过深水坑行走。特别是在有下水道处，一定要探准下水道上是否还有井盖。

2）泥泞地行走：在城市郊区或农村，有许多泥土地，雨天或下雪天时道路变得泥泞，采用正常的两点式触地技巧很难行走，视力残疾人应采用握拳的方式持杖，正确探索行进方向的路况。此时盲杖可以适当支撑人体的重量，以确保行走安全。

（3）向视力残疾人讲明雨天行走打伞的弊端，行走时适当放慢速度，上坡或下坡时注意控制身体的重心，用盲杖支撑部分体重，提高上下坡时的稳定性。

3. 雪天行走

（1）下雪时行走的方法：视力残疾人在下雪时外出行走也不宜打伞。下雪时地面积雪虽然松软，但仍然会使脚底对地面的感觉发生变化，对盲杖探索产生不同程度的阻碍。因此，视力残疾人下雪时行走一定要慢行防滑，杖尖探索的动作力度更要加大。特别是坡路行走更要加倍小心，可用握拳法持杖，适当帮助维持身体稳定，必要时应请他人扶助。

（2）雪后行走的方法：雪后地面积雪可能较厚，也可能路面雪实而滑，有些路标和线索可能被雪覆盖，视力残疾人行走艰难。因此，雪后最好结伴而行，以便共同判定方向和相互扶助行走。若知前面有去相同目的地的明眼行人，可随其踏雪声同向行进。雪后融化，路面积水、土路泥泞、地面积雪成堆，甚至人为将积雪撒向路面而时有雪块存在，这些都可能成为视力残疾人行走的障碍。所以，视力残疾人雪后行走更应持杖仔细探索路面。

（3）雪地训练：在下雪天和雪后对视力残疾人进行实地教学和行走训练十分必要，应当组织视力残疾人在雪地里进行力所能及的活动，使视力残疾人熟悉雪后情况，增加感觉的灵敏度。

（本章作者为南京特殊教育职业技术学院沈剑辉副教授、周苗德高级讲师）

第七章　定向行走训练的实施

视力残疾人定向行走训练的目的，是要通过训练使视力残疾人掌握一定的定向行走技能，达到独立、安全、自然、有效地行走，能够走出家门，参与社会生活，提高自身的生活质量。作为定向行走指导师，要深入视力残疾人家庭，根据视力残疾人的具体需求，本着"急用先学"、"实用优先"、"效果至上"的原则，有针对性地进行一对一的训练，并确保视力残疾人的安全。

第一节　定向行走训练流程

做好视力残疾人定向行走训练工作，关键在于把握好各工作环节及其之间的相互衔接，有序地开展工作。定向行走训练的流程为：训练前筛查和初期评估登记→制订训练计划→组织实施训练计划→训练后评估和总结。

一、筛查登记

定向行走训练前，训练指导师在视力残疾人亲属、照料者的共同参与下，对视力残疾人进行筛查。了解视力残疾人的生理特点（性别、视力、年龄、智力水平）、心理现象（是否冒失、恐惧、自卑等），评估其对基本概念（与定向行走有关）掌握的情况、交通常识、定向能力、行走能力、行走需求、生活环境、工作环境、社会参与及经常行走的路线（工作场所、购物、就医、汇款、进餐、探亲、访友……）等，并进行登记。

二、制订训练计划

应当根据初期评估的结果制订相应的训练计划。不同年龄、不同生理特点、不同心理品质、不同生活环境的视力残疾人有各自独特的定向行走需求，应根据其具体情况制订适合每个人特点的训练计划。对于成年视力残疾人，则本着急用先学的原则，需要更多地进行室内外行走的训练及户外活动训练。

三、组织实施训练计划

（一）训练时间和地点

应在初期评估时，了解参加训练的视力残疾人的实际情况，具体确定训练时间和地点，不必强求统一。

（二）训练内容

1. 户内训练 根据实际情况进行训练，包括环境辨认、室内定向定位、独立行走、导盲随行、失落物体的寻找、盲杖技巧等。
2. 户外训练 主要包括环境辨认、定向定位、导盲随行、盲杖技巧等。
3. 户外实地社会生活定向行走训练
（1）有针对性地解决视力残疾人的行走需求。
（2）在指导师的辅导下进行日常生活行走训练。在实际环境中确定视力残疾人行走的位置、路线、定向参照物、特定地点的线索。训练是一个循序渐进的过程，不可操之过急。指导师要逐步放手，直到视力残疾人能独立地行走。
（3）在有针对性的训练过程中讲解实际存在的问题，如各种概念、心理问题、道路交通常识及注意事项等。

四、定向行走训练评估

训练结束后，要进行一次定向行走训练评估（评估表见附录一），然后与训练前的评估记录进行比较，用以检查训练是否按计划实施，训练后掌握定向行走知识和技能的情况，提出今后应注意的问题等。

△（一）训练案例一（图 7-1-1~图 7-1-4）

学　　员：朱某
性　　别：女
年　　龄：50 岁
致盲原因：眼睛高度近视，引起视神经萎缩，现双眼仅存一丝光感。
训练时间：学员接受定向行走训练 8 个月。
家庭状况：家庭成员有丈夫和儿子。目盲对于五十岁的她来说，是一个沉重的打击。眼睛看不清楚，她便出门少了，心情也越来越差，整天坐在家中闷闷不乐，常常胡思乱想。想到自己失去工作的能力，不敢到外面走动，因为怕迷失方向、怕撞到障碍物、怕到马路上被汽车撞倒、不知道怎样过马路、不知道车站在哪里……，她对生活失去了信心，有很多次还出现了自杀的念头。

【训练过程】

(1) 在区残联的关心下，2006年6月区里开始了第三期视力残疾人定向行走训练，朱女士是这次训练服务的对象之一，定向行走训练指导师了解了朱女士的基本情况，并对她进行了初期评估。

(2) 指导师为朱女士制订了前期定向行走训练计划，每周训练3~4次，每次两小时左右。本着急用先学的原则，学习了导盲随行技巧、盲杖技巧、独立行走技巧等。训练时先易后难，先室内后室外，先到人相对较少的地方训练，后到人多且情况复杂地段训练，3个月后进行中期评估合格。

(3) 指导师为朱女士制订了后期训练计划。主要进行到达目的地的训练，每周2次，每次两小时左右，如从家出发→走小巷→过马路→乘汽车→转地铁→到达目的地办事→转地铁→乘汽车→走小巷→步行到家。指导师采用分解训练法，逐步把整段路线连接起来，直到朱女士熟练掌握，自己能安全、有效、自然、独立地行走。指导师对朱女士进行了4个月的多个目的地训练，进行末期评估合格。

(4) 合格后即转入随访阶段，每月1次，解决朱女士遇到的困难。

【训练成果】

(1) 朱女士参加视力残疾人定向行走训练半年多以来，已能够勇敢地走出家门，扩大了生活领域，增添了生活情趣，促进了身心健康，现在她手持盲杖在熟悉的环境中能安全、独立、有效、自然地行走，同时积极参与社区工作，上门为其他残疾人排忧解难，和他们谈心聊天，精神面貌今非昔比。

(2) 朱女士的变化，说明了视力残疾人定向行走训练的意义重大，通过定向行走训练使视力残疾人走出家门，融入社会。让视力残疾人真正感受到"人人享有康复服务"的权利，使每一位视力残疾人都能感受到和谐社会的温暖！

图7-1-1 持杖在盲道上练习行走

图7-1-2 练习下台阶

图7-1-3　家务劳动

图7-1-4　休闲健身

△ (二) 训练案例二 (图7-1-5~图7-1-7)

学　　　员：赵某
性　　　别：男
年　　　龄：60岁
致盲原因：右眼患白内障，手术后感染医治无效导致双眼失明。
训练时间：于2006年5月接受定向行走训练，到目前为止接受训练已近1年时间。
家庭状况：赵某在1990年前有视力，1990年后因病医治无效致盲。家中4口人，妻子身体较弱，一儿一女在校读书，双目失明的他为了支撑这个家，只有摸索着下地帮爱人干农活，可行走途中经常跌跤，全身是伤。他不能接受现实，对生活失去了信心，曾去跳悬崖结束生命，但被爱人及时发现，挽回了他的生命。

【训练过程】

(1) 当地政府得知这个情况后，派定向行走指导师多次到赵先生家进行心理咨询、心理疏导，鼓励他接受定向行走训练，指导师为他制订了定向行走训练的计划。

(2) 参加视力残疾人定向行走基础训练10天，学习相关的知识及技巧。

(3) 指导师为赵先生制订前期训练计划，每月到家5~6次对他进行一对一的指导训练，根据农村地区的实际情况，本着急用先学的原则，开展盲杖技巧训练、独立行走训练、导盲随行训练等，4个月后进行中期评估合格。

(4) 指导师为赵先生制订后期训练计划，每月到家3~4次，对他进行一对一的指导训练，在家人和赵先生的共同努力下，他能正确掌握盲杖技巧，利用路标和线索正确地定向并有效行走。5个月后末期评估合格。

(5) 2007年2月起对赵先生进行了后续的生活技能训练15天，巩固已有的定向行走技能，并且加强日常生活和劳动技能的训练。现在他已经能安全独立地走出家门，到自己想去的地方。

(6) 2007年3月起对赵先生每个月随访1次，了解他的需求，解决其生活中的困难。

【训练成果】

(1) 一年来，赵先生发生的变化很大，一是树立了生活的自信心，产生了从绝望到希望的转变,身残志坚;二是掌握了定向行走的技巧,一个人基本能安全、独立、有效地行走,到自己想去的地方;三是社交能力有很大提高,经常外出与邻里聊天交往;四是生活质量有较大提高,生活能生理,能够独立生活;五是能从事生产劳动等,能独自种地、到200多米远的水井去担水、搞家庭卫生、做饭、喂猪……这些劳动他都独立完成。如今赵家的生活又恢复了往日的平和与宁静。

(2)赵先生的变化为农村中的视力残疾人树立了榜样,激励他们参加定向行走训练,树立生活信心,挑起家庭重担,为农村建设出力。

图片7-1-5 持杖下田

图7-1-6 持杖行走

图7-1-7 家务劳动

第二节　定向行走训练档案

一、建立档案的意义

对视力残疾人进行定向行走训练，必须妥善保存每位受训人的资料，做好有关资料的积累，即为视力残疾人建立定向行走训练档案。档案对视力残疾人个体定向行走训练过程有完整的、准确的记录，这样便于总结过去定向行走训练的经验，改进训练中的不足，有利于提高训练效果，能够更好地为视力残疾人服务。

二、档案的内容

视力残疾人定向行走训练个人档案主要包括：定向行走训练指导师对受训视力残疾人的筛查、入户登记、各阶段的训练计划、各阶段的训练项目评估、训练效果评估、后续服务、随访、总结等。（详见附录一）

三、档案的管理

档案管理是视力残疾人定向行走训练工作的重要内容。指导师要为每个受训的视力残疾人建立一份单独的档案，并按要求在档案封面上填写相关内容，把目录、具体表格、文字材料装订整齐放入其中，使之系统化、条理化，并相对固定下来，由专人保管。关键是管理者要及时补充、更新档案信息，做好维护工作。

随着计算机技术的普及，除了保存纸质档案以外，还可以开发更多的管理软件系统，把相关的内容输入电脑，建立电子档案，以便于查阅和传输，发挥办公自动化的强大优势，为定向行走训练服务。

四、定向行走训练工作用表

定向行走训练工作用表指的是《视力残疾人定向行走训练服务档案》（试行稿），由10个表格、训练小结和训练前后的照片组成。（见附录一）

△第三节　定向行走训练方法

通过定向行走训练，能有效提高视力残疾人的心理、身体方面的素质，提高他们定向行走、适应社会生活的能力,促进个体日常生活技能的发展。从事定向行走训练的工作者在实践中积累了宝贵经验,取得了很好的效果。下面介绍几种常用的实际训练方法:

一、感知法

感知法指视力残疾人通过触摸指导师的示范动作或通过指导师纠正视力残疾人错误的动作,帮助视力残疾人形成正确概念的一种训练方法。

视力残疾人丧失了视觉功能,不能直接观察事物,必须用其他感觉器官认识世界,指导师要教会视力残疾人用自己的多种生理功能感知事物。

在实际应用中,指导师要做正确的示范,并让视力残疾人进行探索,了解动作结构,形成动作概念。在进行明眼人导盲技巧、独立行走技巧、盲杖技巧教学时,指导师要对视力残疾人的动作进行指导,及时纠正错误动作。视力残疾人在进行教学探讨时,指导师要适时进行语言提示,这样做能够使视力残疾人从多方面接受信息,充分发挥想象力,从而尽快形成正确的动作概念。这种方法对接受能力差的视力残疾人更为有效。

二、口头指示法

口头指导法是指用简明的语言,指导视力残疾人完成动作或进行练习的一种方法。

为了使视力残疾人较快、较准确地掌握导盲随行技巧、盲杖技巧及独立行走等技巧,指导师应当把完整动作分为几个部分,用口令指示的方式进行训练,特别是对接受能力较差的视力残疾人更应如此。

例如,对视力残疾人进行原地持杖技能训练时可分三步:

第一步:两臂自然下垂,右手(一般)持盲杖,杖尖朝向身前。

第二步:持杖手臂前伸与身体成30度左右夹角,持杖手在身体中线位置,杖尖点触在身体前方地面上。

第三步:转动手腕,左右点触略宽于肩的地面。然后用口令指导视力残疾人进行反复练习,直到视力残疾人掌握此技巧。

口头指示法一般在视力残疾人相对较多时使用,这样可以缓解因缺乏定向行走训练指导师而造成的困难。

三、语言描述法

语言描述法是指指导师通过具体、形象的语言描述,唤起视力残疾人头脑中已有的记忆表象,从而使他们能理解词语内涵的训练方法。

在训练中要用通俗易懂的语言把动作要领、练习方法、路线路况、基本概念向视力残疾人讲清楚,从而使他们理解并掌握要领。也可以让视力残疾人复述所讲的内容,接着让视力残疾人进行动作演示,再由指导师纠正其错误动作,以加深视力残疾人对动作、概念的理解。

语言描述要用词确切、生动形象、重点突出,要准确运用定向行走专业术语。对动作的难点与重点,可以用语气、语调的变化予以指点和强化。在视力残疾人进行实际练习时可以采用简单的提示或评价。

四、分解法

分解法是指在训练过程中,把难度较大的动作或一个完整的动作分解成几个步骤分别进行训练。

分解法取决于视力残疾人的接受能力及身体健康状况,指导师对视力残疾人进行定向行走训练时,所选择的练习路线、动作的复杂程度等,要符合视力残疾人的实际情况。如果视力残疾人的年龄小、身体状况差、接受能力也差,分解法就非常适合。

训练中先让视力残疾人利用直线或平面进行定向,首先让视力残疾人学会定向的方法,分清东、南、西、北、前、后、左、右等,确定自己所处的位置,然后用正确的技巧行走。如果每段练习的效果都很好,视力残疾人都能独立行走,这时指导师就可以把每个步骤连接起来继续训练。

五、整体法

整体法是指从动作开始到结束,不分部分或段落,完整地传授动作技术的一种方法。

训练时应充分了解视力残疾人的接受能力,把练习的动作、选择的路线向视力残疾人讲解清楚,对动作或路线熟悉较快的视力残疾人,可以根据情况采用整体教学法。例如:把一条完整的路线及途中的路标、路面质地告诉视力残疾人,让视力残疾人建立完整的心理地图,据此完成训练,提高视力残疾人的信心。

在实际教学中,此法一般用于概念发展好、有悟性且能力较强的视力残疾人。在练习过程中要注意视力残疾人的安全。对于简单的、易掌握的动作及路线,通过指导师的示范或讲解后直接让视力残疾人熟悉环境然后进行完整练习。这样可以在实践中发展视力残疾人的概念,在行走中让视力残疾人获得成功的喜悦。

实际情况是,视力残疾人定向行走的各种教学方法要互相渗透,有机结合,要善于运用多种感觉训练视力残疾人,通过声、像把视力残疾人带入意境。训练时要贯彻定向行走的教学原则,做到循序渐进、量力而行。指导师要针对视力残疾人的实际情况,科学、有效地实施定向行走训练,通过概念、行前训练、随行技巧、独行技巧、盲杖技巧等的训练,使视力残疾人在相对熟悉的环境中能安全、有效、自然、独立地行走。这样就会有更多的视力残疾人适应环境,参与社会活动,服务社会,实现自己的人生价值。

第四节　　定向行走训练教学实践

一、教学实践的意义

教学实践是定向行走指导师培训工作的重要组成部分，是学员用定向行走基础知识、基本技能对"视力残疾人"进行定向行走训练的过程。通过教学实践，学员能正确认识自己对定向行走知识、技能掌握的程度，以及指导师的教学与培训能力，也是检验训练效果的重要手段，对提高培训质量有着极其重要的意义。

二、教学实践的内容

定向行走教学实践的内容主要是随行技巧、在熟悉环境中的独立行走技巧、盲杖技巧及其在实际生活中的应用等，根据视力残疾人的实际需求，本着急用先学的原则，确保"视力残疾人"工作、生活的需要。

☆一级定向行走指导师，应进行上下公共汽车、乘地铁、乘渡船、乘缆车、走山路、走盘山公路等难度较大的教学实践。

三、教学实践注意事项

无论是对定向行走训练指导师，还是直接对视力残疾人进行定向行走训练都应特别注意以下几点：

1. 重视激发学习动机和学习兴趣，变"要我训练"为"我要训练"。
2. 一般先易后难，循序练习，也可因地、因时、因人制宜，适当调整，必要时可以急用先学。
3. 要重视直观教学，知行结合，理论联系实际，要经常检查心理地图的形成情况。
4. 要突出重点、难点，反复练习、巩固，实地行走是检验技能掌握程度的标准。
5. 要教会学员自我保护、请求保护和相互保护的方法。
6. 要进行安全教育，确保训练时或视力残疾人自己活动时人身及财产的安全。

☆7. 对多重残疾者进行训练时，要了解他们的残疾类别及程度，训练时要有重点且要有耐心。

☆8. 对高龄视力残疾人进行训练时，要注意他们的身体状况，训练的内容要简单、实用，不要过度疲劳。

△四、教学实践活动

（一）确定行走路线

根据视力残疾人的实际能力和对周围环境的熟悉程度，由指导师确定视力残疾人在社区持杖行走的具体路线。要对视力残疾人讲清起止点的方位、行走的范围、沿途的主要路况、定向线索和路标等。

（二）建立心理地图

1. 导盲随行　按视力残疾人拟定的持杖行走路线，由指导师导盲随行全程，重点提示和体验有关路况、路标的位置及特点，以及相应的环境，初步建立持杖行走路线所需的心理地图。
2. 描述路线　根据初步建立起的心理地图，指导视力残疾人反复讲述持杖行走路线的基本概况和重点标记。

（三）行走实践

1. 分段行走　把拟定的路线分成若干段，辅导视力残疾人逐段持杖反复行走。
2. 全程练习　在分段持杖行走的基础上，辅导视力残疾人循序渐进，直到走完全程。

（四）训练后总结

客观地评估视力残疾人行走的实际效果，提出建议和要求，促进其掌握更多技能。

（本章作者为南京特殊教育职业技术学院沈剑辉副教授、蒋科星助理讲师、李志军助理讲师、上海视力残疾人学校张健老师、四川合江县残联向廷富、江苏宜兴残联戴菊华、无锡崇安区残联高冰等）

第八章 定向行走培训中的人际沟通

沟通是人们在互动过程中通过某种途径或方式将一定的信息从发送者传递给接受者,并获取理解的过程。人际沟通本质上是人与人的心灵交往,是受多种因素影响的复杂的心理活动。在社会生活中,只有人际沟通,才能交流思想和感情,达到彼此互动。

第一节 指导师与视力残疾人亲属的沟通

一、加深了解视力残疾人

在进行视力残疾人定向行走训练之前,可以事先和视力残疾人的家人进行沟通。通过沟通,一方面向亲属宣传视力残疾人定向行走训练的相关知识;另一方面,也可以从亲属那里了解视力残疾人的成长历程、兴趣爱好、行为习惯等方面的情况,可以进一步加深对视力残疾人的了解。这样才能因人制宜,因材施教,提高培训的效果。

二、获得视力残疾人亲属的支持

在对待视力残疾人进行定向行走训练的态度上,有些视力残疾人的亲属表现出不配合、不理解的态度,认为没有必要参与这项活动。很多视力残疾人的亲友最初认为,让视力残疾人独立外出是一件很危险的事情,他们过度保护视力残疾人,不放心也不鼓励视力残疾人进行定向行走训练,忽略了视力残疾人希望自立的需要,阻碍了视力残疾人学习定向行走的进程。这时就需要指导师向视力残疾人的亲属宣传定向行走的意义,让他们了解定向行走对视力残疾人各方面的发展都有积极的作用,并表示希望得到亲属的认同和配合,请他们对视力残疾人提供心理支持。

三、求得视力残疾人的信任

可以请视力残疾人的亲属作为介绍人,将训练指导师介绍给家中的视力残疾人。通常情况下,因视力残疾人看不见训练指导师,所以比其他残疾人需要用更多的时间才可能接纳对方，信任对方。如果有了家人的介绍，可以在更短时间里让视力残疾人与训练指导师实现有效的沟通，并获得信任。

四、首先培训亲属

开展亲友培训是推动视力残疾人定向行走训练服务的有效措施。当通过宣传教育使人们对视力残疾人定向行走训练服务有了正确的观念后，就需要让视力残疾人的家庭成员、邻里和朋友学会一些简单且行之有效的定向行走的知识和方法。

首先在视力残疾人家中选择培训对象，最好是其父母或起到主要监护作用的成员先进行培训，学会视力残疾人定向行走训练服务的基本知识和方法。通过培训，可以使视力残疾人的亲属进一步确立正确的观念，不但支持训练，而且可以用正确的方法帮助视力残疾人学习定向行走技能。

其次是要对其他家庭成员、邻居、朋友和同事开展相关的培训，以满足视力残疾人在学习、工作、生活等方面的多种需求。

第二节 指导师与视力残疾人的沟通

一、了解视力残疾人的人格特征

人的个性倾向制约着所有心理活动，心理状态又制约着心理过程。视力残疾直接或间接地影响着个性心理特征——人格的形成和发展。

1. 社会环境影响其人格的构建　社会环境对视力残疾人的接纳程度，是影响其人格构建的外因。传统社会对目盲的迷信解释、对视力残疾人的种种偏见、社会环境中有的设施并未完全考虑到视力残疾人的需要，这些都会影响视力残疾者人格的正常发展。如果早期教育不力，常常因活动范围有限、活动少或家庭环境过于保护等因素，导致有的视力残疾人在对外交往、接触同伴、接触社会等方面存在障碍。

2. 对自身的接纳程度影响其人格的构建　视力残疾人对自己的接纳程度不同，这是影响其人格构建的内部因素。在性格方面，视力残疾人有的在对社会、集体、他人的态度上，表现出不善于与人相处的性格倾向；在对自己的态度方面，有的表现为异常自尊或自卑，缺乏自信心；在意志特征方面，有的表现为依赖、不果断；在性格的情绪特征方面，有的表现为困扰、敏感、焦虑；在兴趣培养方面，视力残疾人对听觉信息和触觉信息更感兴趣；在兴趣的稳定性方面，他们则比普通人稍强。

二、了解视力残疾人的心理倾向

视力残疾人作为一个特殊的群体，除了与一般人有着共同的心理特点外，还存在孤独、自卑、内疚等独特的心理倾向。在很多时候，视力残疾人很难接受明眼人的劝说，因为他认为明眼人不能体会到他的困难。当一个视力残疾人较长时间情绪低沉、行为不正常或有其他异常心理状态时，需给予积极的关怀和支持；如仍旧不能排解，就需要通过心理疏导的方式帮助解决。心理疏导是一个系统过程，通过一定的程序、方法，帮助视力残疾人排解困扰，才能取得效果。视力残疾人只有真正排除心理障碍才能学得更快，早日获得定向行走技能，被动接受则要走很多弯路。

三、与视力残疾人沟通的态度和技巧

（一）真诚热情

一般视力残疾人的心理是较为敏感的，考虑问题也是很现实的。在与他们交往时，一言一行都会深刻地印在他们的心中，明眼人的态度是真诚还是敷衍，是热情还是冷淡，他们都能准确地感知到，并在交往中反射出来。所以，第一次见面可以尽量多地告知对方关于你自己的信息，让他有信任感和安全感。见到几个视力残疾人在一起时，要么都喊一遍名字、都打招呼，要么谁也别打招呼，或者笼统地向群体打招呼。也就是常言所说的"宁可忽略一群，不能忽略一人"，免得他们猜忌。

（二）理解体谅

一个视力残疾人的成长是由多元素构成的，包括身体、思想、性格、行为习惯、兴趣爱好，甚至残疾特点等。在与他们进行交往时，要采取全部接受的态度，与他们建立真诚互信的关系。例如，接受他们视力残疾的现实，同时接受他们的性格特点、生活习惯、处世方法、兴趣爱好等。

（三）积极主动

如果视力残疾人需要被引导去一个地方时，你能很自然地主动让他牵着你的手，带他到想去的地方，或当他寻找一件东西四处触摸时，你刚好看到并主动引导他找到他想找的东西等，这些细微的关心和帮助都会使视力残疾人产生好感，并愿意与你交往。在帮助关心视力残疾人时，应注意掌握时机和当时的情景以及他们的需要，如果掌握不好时机，反而会引起他们的反感，并把你的帮助理解为对他们的看不起或不信任。比如，指示方位要清楚、准确。如说"把盲杖放在你自己的前面"，而不是说"把盲杖放在那儿"；要说"在你左前方一米左右"，而不是说"在这里"……

（四）运用肢体语言

恰当的肢体语言会使人与人之间的距离变小。当初次和视力残疾人见面时，可以通过肢体接触以表示关心。通常视力残疾人需要更多的帮助，而这些帮助更多的是行为或动作，所以运用肢体语言的机会更多一些。比如在他们需要纸巾的时候，能很快把纸巾盒放到他可以触摸到的地方；在他们要过马路时，主动伸出你的手臂，他们会从内心接纳你、喜欢你。

第三节　指导师与社区的沟通

△一、开展社会宣传

开展视力残疾人定向行走训练服务必须进行社会教育与宣传，改变人们长期以来对视力残疾人歧视、忽略的做法，倡导新的社会风尚和社区文化，鼓励明眼人学习和掌握视力残疾人定向行走的知识与技能，营造视力残疾人定向行走训练服务的气氛，提倡人人关心视力残疾人定向行走的理念。

首先是改变视力残疾人家庭成员的认识。许多视力残疾人的家长和家庭成员对视力残疾人定向行走认识不足，有的家庭把视力残疾人定向行走看作很危险的事，谨小慎微，以致阻碍了视力残疾人定向行走训练服务的开展。这样就会使视力残疾人的社会交往越来越少，束缚了视力残疾人的发展。一定要改变家庭成员的认识，为视力残疾人争取权益，为他们的定向行走创造条件。

改变社区邻里对视力残疾人定向行走的看法，用人道主义的态度来对待视力残疾人定向行走训练，用科学的观点来认识视力残疾人定向行走的意义，营造积极、友善、支持和参与的氛围，抓好社区环境的无障碍建设，消除挤占盲道的现象，为视力残疾人定向行走创造有利条件。

积极宣传有关残疾人的政策、法规，如《中华人民共和国残疾人保障法》、☆《残疾人权利国际公约》等，让全社会都积极行动起来，开展视力残疾人定向行走训练服务工作，解决他们定向行走中存在的困难，为他们走向社会、适应社会服务。

△二、进行转介服务

视力残疾人定向行走训练指导师在转介服务中起着重要的作用，要对服务对象进行转介登记，定期随访转介落实情况和转介效果。根据视力残疾人不断变化的生活技能与生活需求，进行连续性的转介服务，及时为视力残疾人提供多部门、多方面、有针对性的转介服务。

转介服务形式多种多样，针对视力残疾人的转介服务主要有以下几种：

1. 医疗转介　根据治盲的需求，进行白内障复明手术、低视力眼镜验配等医疗转介服务。发生视力下降问题，应及时介绍到医疗院所检查解决，以恢复和提高视功能。

2. 环境转介　帮助视力残疾人从家庭到学校或工作单位，从学校到社区或劳动单位，从学生生活到职业生活，这是视力残疾人生活技能服务转介中常见的一类。

3. 教育转介　当视力残疾人需要上学时，要积极帮助联系学校，就近入学或者转介到特殊学校。

4. 就业转介　当视力残疾人有就业需求时，帮助转介到劳动部门。

5. 社会服务转介　当视力残疾人有婚姻、家庭、法律咨询等诸多社会需求时，要积极提供转介服务。对于特别困难，并且丧失劳动能力的视力残疾人，要及时转介到社会保障部门，以便将他们纳入社会保障体系。

（本章作者为南京特殊教育职业技术学院沈剑辉副教授、助理讲师范莉莉）

附录一：定向行走训练工作用表

视力残疾人定向行走训练服务档案

（试行稿）

姓　名＿＿＿＿＿＿＿＿＿＿

＿＿＿＿＿＿省　　＿＿＿＿＿＿市

＿＿＿＿＿＿区、县＿＿＿＿＿＿街道、乡镇

此处粘贴残疾证复印件

训 练 登 记

_____社区居委、村委会

<table>
<tr><td rowspan="12">基本情况</td><td>姓　名</td><td colspan="2"></td><td>性别</td><td>男□　女□</td><td>出生年月</td><td>年　　　月</td></tr>
<tr><td>现居住地址</td><td colspan="4"></td><td>邮　编</td><td></td></tr>
<tr><td>联 系 人</td><td colspan="3"></td><td>联系电话</td><td colspan="2"></td></tr>
<tr><td>家庭其他成员</td><td colspan="6"></td></tr>
<tr><td>优眼矫正视力</td><td colspan="6">一级盲□　　　二级盲□　　　一级低视□　　　二级低视□</td></tr>
<tr><td>失明时间</td><td colspan="6">先天□　　后天□_____岁（视力残疾影响行走的年龄）</td></tr>
<tr><td>失明原因</td><td colspan="6">外伤□　　疾病□_____　　其它□_____</td></tr>
<tr><td>文化程度</td><td colspan="6">文盲□　　小学□　　初中□　　初中以上□_____（最高学历）</td></tr>
<tr><td>经济来源</td><td colspan="6">国家救济□　　　家庭供养□　　　　　个人所得□</td></tr>
<tr><td>独行范围</td><td colspan="6">户内□　户周围□　工作学习单位□　公共场所□_____</td></tr>
<tr><td>其它残疾</td><td colspan="6">肢体□　智力□　听力□　语言□　精神□　其它□____</td></tr>
<tr><td>家庭情况</td><td colspan="6">和睦□　　　一般□　　　偶有矛盾□　　　矛盾极大□</td></tr>
<tr><td></td><td>工作经历</td><td colspan="6">失明前□_____　　失明后□_____</td></tr>
<tr><td rowspan="6">定向行走训练服务需求</td><td>独行训练</td><td colspan="6">户内□　户周围□　工作学习单位□　公共场所□_____</td></tr>
<tr><td>随行指导</td><td colspan="6">户内□　户周围□　工作学习单位□　公共场所□_____</td></tr>
<tr><td>导盲用具</td><td colspan="6">盲杖□　　提供信息□　　帮助选购□　　其它□____</td></tr>
<tr><td>心理咨询</td><td colspan="6">消除行走恐惧心理□　　　树立信心□　　　鼓励亲友支持□</td></tr>
<tr><td>知识普及</td><td colspan="6">普及读物□　　亲友培训□　　传授方法□　　其它□_____</td></tr>
<tr><td>转介服务</td><td colspan="6">上学□　技能培训□　劳动就业□　社会保障□　其它□_____</td></tr>
</table>

注：
1. "基本情况"和"定向行走训练服务需求"填写内容与"视力残疾人定向行走训练服务需求登记表"中所登记的内容一致。
2. 表格中画横线的地方如可填写尽量填写。
3. 以上内容尽量填满，且保证填写内容的准确性。
4. 残疾证复印件贴在封面内页。

训练评估标准一　基本技能技巧（评分）

项　目		2	1	0
定向技能	方向辨别	熟悉该定向技能，知道使用范围，经常并能熟练使用该定向技能在一定环境中进行准确定向	知道该定向技能但不熟悉使用范围，能使用该定向技能在部分环境中进行定向	不熟悉定向技能及使用范围，基本不能使用该定向技能在多数环境中进行定向
定向技能	阳光定向法			
定向技能	内、外时钟定向法			
定向技能	线索、路标定向法			
定向技能	触觉、心理地图			
导盲随行	基本动作	熟悉该导盲随行技巧，知道使用范围，经常并能熟练使用该导盲随行技巧在一定情况下安全、独立、有效、自然地行走	知道该导盲随行技巧，但不熟悉使用范围，能使用该导盲随行技巧在部分情况下安全行走	不熟悉该导盲随行技巧及使用范围，基本不能使用该导盲随行技巧在多数环境中行走
导盲随行	一人导多盲			
导盲随行	进出门			
导盲随行	引导入座			
导盲随行	随行上、下楼梯			
导盲随行	过狭窄通道			
导盲随行	换边随行			
导盲随行	向后转向			
独行技巧	上、下部保护	熟悉该独行技巧，知道使用范围，经常并能熟练使用该独行技巧在一定情况下安全、独立、有效、自然地行走	知道该独行技巧，但不熟悉使用范围，能使用该独行技巧在部分情况下安全行走	不熟悉该独行技巧及使用范围，基本不能使用该独行技巧在多数环境中行走
独行技巧	沿物（墙）行走			
独行技巧	垂直定位			
独行技巧	寻找失落物			
独行技巧	独行上、下楼梯			
盲杖技巧	两点式触地（滑行）行走	熟悉该盲杖技巧，知道使用范围，经常并能熟练使用该盲杖技巧在一定情况下安全、独立、有效、自然地行走	知道该盲杖技巧，但不熟悉使用范围，能使用该盲杖技巧在部分情况下安全行走	不熟悉该盲杖技巧及使用范围，基本不能使用该盲杖技巧在多数环境中行走
盲杖技巧	斜杖而行、点击法			
盲杖技巧	三点式触地行走			
盲杖技巧	触地辨别、探索障碍物			
盲杖技巧	持杖上、下楼梯或滚梯			
盲杖技巧	短杖技术			
盲杖技巧	携杖置杖			

训练评估标准二 家庭和社会生活中的应用（评分）

	项目	5	4	3	2	1	0
家庭生活	个人卫生	个人卫生好，穿着得体大方	个人卫生好，形象较好	个人卫生一般，可基本自理	个人卫生一般，需他人帮助	个人卫生较差，需他人帮助	个人卫生很差，需他人帮助
家庭生活	家务劳动	能做很多，某些甚至好于明眼人	能做很多，与明眼人相当	喜欢做且能做有一定难度的事情	愿意做且经常做，但难度太大的不行	愿意做，偶尔做些	从不做，也不愿做
家庭生活	休闲娱乐	熟悉休闲娱乐方法，能组织集体活动	熟悉休闲娱乐方法，会调节身心健康	喜欢参与一些休闲娱乐活动	愿意且经常参与一些休闲娱乐活动	偶尔参与一些休闲娱乐活动	从不进行休闲娱乐活动
社会生活		熟悉路线、相应方位等 能够安全、独立、有效、自然到达 熟悉相关设施及功能 遵守公共秩序	熟悉路线、相应方位等 能够安全、独立到达 了解相关设施及功能 遵守公共秩序	了解部分路线、相应方位等 通过一定的求助能够到达 了解部分设施及功能 遵守公共秩序	了解部分路线、相应方位等 通过求助可以到达 了解部分设施及功能 遵守部分公共秩序	由明眼人带领去过 了解部分公共秩序	从未到过 没有任何经验
社会生活		人行道/山路/田间路行走、过马路、乘公交/地铁/出租车、菜场/集市、医院/卫生所、商场/超市/商店、公园、邮局、银行、证交所、餐馆、学校、工作地、影剧院、体育场馆、农田、菜地、社区、居委会、村委会、火车站、机场等					

注：选择适合视力残疾人情况的内容填入"社会生活"中，也可写本表未列的内容。

评估表一　基本技能技巧（评分）

项　　目		初　期 __年__月__日 2　1　0			中　期 __年__月__日 2　1　0			末　期 __年__月__日 2　1　0		
定向技能	方向、方位辨别	□	□	□	□	□	□	□	□	□
	阳光定向法	□	□	□	□	□	□	□	□	□
	内、外时钟定向法	□	□	□	□	□	□	□	□	□
	线索、路标定向法	□	□	□	□	□	□	□	□	□
	触觉、心理地图	□	□	□	□	□	□	□	□	□
导盲随行	基本技巧	□	□	□	□	□	□	□	□	□
	一人导多盲	□	□	□	□	□	□	□	□	□
	进出门	□	□	□	□	□	□	□	□	□
	引导入座	□	□	□	□	□	□	□	□	□
	随行上、下楼梯	□	□	□	□	□	□	□	□	□
	过狭窄通道	□	□	□	□	□	□	□	□	□
	换边随行	□	□	□	□	□	□	□	□	□
	改变方向	□	□	□	□	□	□	□	□	□
独行技巧	上、下部保护	□	□	□	□	□	□	□	□	□
	沿物（墙）行走	□	□	□	□	□	□	□	□	□
	垂直定位、穿越空间	□	□	□	□	□	□	□	□	□
	寻找失落物	□	□	□	□	□	□	□	□	□
	独行上、下楼梯	□	□	□	□	□	□	□	□	□
盲杖技巧	两点式触地（滑行）行走	□	□	□	□	□	□	□	□	□
	斜杖而行、点击法	□	□	□	□	□	□	□	□	□
	三点式触地行走	□	□	□	□	□	□	□	□	□
	触地辨别、探索障碍物	□	□	□	□	□	□	□	□	□
	持杖上、下楼梯或滚梯	□	□	□	□	□	□	□	□	□
	短杖技术	□	□	□	□	□	□	□	□	□
	携杖置杖	□	□	□	□	□	□	□	□	□
本表评估得分（总50分）										

评估表二　家庭和社会生活中的应用（评分）

项　目		初　期 ___年___月___日 5 4 3 2 1 0	中　期 ___年___月___日 5 4 3 2 1 0	末　期 0 ___年___月___日 5 4 3 2 1 0
家庭生活	个人卫生	☐☐☐☐☐☐	☐☐☐☐☐☐	☐☐☐☐☐☐
	家务劳动	☐☐☐☐☐☐	☐☐☐☐☐☐	☐☐☐☐☐☐
	休闲娱乐	☐☐☐☐☐☐	☐☐☐☐☐☐	☐☐☐☐☐☐
社会生活		☐☐☐☐☐☐	☐☐☐☐☐☐	☐☐☐☐☐☐
		☐☐☐☐☐☐	☐☐☐☐☐☐	☐☐☐☐☐☐
		☐☐☐☐☐☐	☐☐☐☐☐☐	☐☐☐☐☐☐
		☐☐☐☐☐☐	☐☐☐☐☐☐	☐☐☐☐☐☐
		☐☐☐☐☐☐	☐☐☐☐☐☐	☐☐☐☐☐☐
		☐☐☐☐☐☐	☐☐☐☐☐☐	☐☐☐☐☐☐
		☐☐☐☐☐☐	☐☐☐☐☐☐	☐☐☐☐☐☐
	过马路、乘公交/地铁/出租车、菜场、医院/卫生所、商场/超市/商店、公园、邮局、银行、餐馆、学校、影剧院、工作地、集市、农田、菜地、社区、居委（村委）会、火车站			
评估得分（总50分）				
评估人				

注：
1. 在所选分数后的☐中打√，计算所得分数填入下方空格中。
2. "社会生活"在下面一行中选取与视力残疾人生活相关的内容。
3. "评估人"填写参与评估的三个人的名字。

前期（初期～中期）训练计划

一、前期训练目标

_____

_____

二、前期训练内容安排

周数	时　间	训　练　内　容	
1	___年___月 ___日、___日	1._____ 3._____	2._____ 4._____
2	___年___月 ___日、___日	1._____ 3._____	2._____ 4._____
3	___年___月 ___日、___日	1._____ 3._____	2._____ 4._____
4	___年___月 ___日、___日	1._____ 3._____	2._____ 4._____
5	20___年___月 ___日、___日	1._____ 3._____	2._____ 4._____
6	___年___月 ___日、___日	1._____ 3._____	2._____ 4._____
7	___年___月 ___日、___日	1._____ 3._____	2._____ 4._____
8	___年___月 ___日、___日	1._____ 3._____	2._____ 4._____

注：
1. 在对训练对象进行了解和评估后，确定有针对性的训练目标及训练内容。
2. 提前1~2周安排好训练内容，确认训练时间。

前期（初期~中期）训练服务记录

周数	训 练 服 务 情 况	指导师
1		
2		
3		
4		
5		
6		
7		
8		

中期阶段小结（另附页，A4 纸打印，正文小四号字体）：

签名：_____　　____年____月____日

注：
1. "训练服务情况"主要记录训练服务的进展情况、遇到的问题以及解决办法等。
2. "中期阶段小结"的内容：
（1）个人基本情况介绍：姓名、年龄、失明时间及原因，健康状况，生活环境，独行经验，心理状态，家庭情况，工作经历，训练前后的变化，亲友参与训练情况和心态的变化。
（2）如何进行心理康复，训练的主要内容，训练中存在的问题，计划如何解决问题等。
（3）指导师本人的体会，遇到的困难以及得到的帮助，对训练内容及方法的看法及建议。
（4）视力残疾人的生活技能情况，有何特长，是否愿意为他人服务。

后期（中期～末期）训练计划

一、后期训练目标

_____

_____

二、后期训练内容安排

周数	时　间	训　练　内　容
1	20___年___月 ___日、___日	1. _____ 2. _____
2	20___年___月 ___日、___日	1. _____ 2. _____
3	20___年___月 ___日、___日	1. _____ 2. _____
4	20___年___月 ___日、___日	1. _____ 2. _____
5	20___年___月 ___日、___日	1. _____ 2. _____
6	20___年___月 ___日、___日	1. _____ 2. _____
7	20___年___月 ___日、___日	1. _____ 2. _____
8	20___年___月 ___日、___日	1. _____ 2. _____

注：

1. 根据训练对象的具体情况，"训练内容"中"1"写训练目的地与具体要求，"2"写行走路线。
2. 提前1～2周安排好训练内容，确认训练时间。

后期（中期~末期）训练服务记录

周数	训 练 服 务 情 况	指导师
1		
2		
3		
4		
5		
6		
7		
8		

后期阶段小结（另附页，A4纸打印，正文小四号字体）：

签名：_____ 20____年____月____日

注：
1. "训练服务情况"主要记录训练服务的进展情况、遇到的问题以及解决办法等。
2. "后期阶段小结"的内容：
（1）通过训练能够到达哪些地方，视力残疾人及亲友心态的变化。
（2）如何进行心理康复，训练的主要内容，视力残疾人还有哪些需要，计划如何转介等。
（3）指导师本人的体会，遇到的困难以及得到的帮助，对训练内容及方法的看法及建议。
（4）视力残疾人的生活技能变化情况，有何特长，是否愿意为他人服务。

随访记录

序号	时　间	情　　况	随访人
1	___年___月___日		
2	___年___月___日		
3	___年___月___日		
4	___年___月___日		
5	___年___月___日		

注：随访时间为所有训练结束后每1~2个月一次。

训练小结

粘贴小结

训 练 前 照 片

训 练 后 照 片

附录二：中华人民共和国残疾人保障法

中华人民共和国残疾人保障法

1990 年 12 月 28 日第七届全国人民代表大会常务委员会第十七次会议通过
1990 年 12 月 28 日中华人民共和国主席令第三十六号公布
自 1991 年 5 月 15 日起施行

第一章 总 则

第一条 为了维护残疾人的合法权益，发展残疾人事业，保障残疾人平等地充分参与社会生活，共享社会物质文化成果，根据宪法，制定本法。

第二条 残疾人是指在心理、生理、人体结构上，某种组织、功能丧失或者不正常，全部或者部分丧失以正常方式从事某种活动能力的人。残疾人包括视力残疾、听力残疾、言语残疾、肢体残疾、智力残疾、精神残疾、多重残疾和其他残疾的人。残疾标准由国务院规定。

第三条 残疾人在政治、经济、文化、社会和家庭生活等方面享有同其他公民平等的权利。残疾人的公民权利和人格尊严受法律保护。禁止歧视、侮辱、侵害残疾人。

第四条 国家采取辅助方法和扶持措施，对残疾人给予特别扶助，减轻或者消除残疾影响和外界障碍，保障残疾人权利的实现。

第五条 国家和社会对伤残军人、因公致残人员以及其他为维护国家和人民利益致残的人员实行特别保障，给予优待和抚恤。

第六条 各级人民政府应当将残疾人事业纳入国民经济和社会发展计划，经费列入财政预算，统筹规划，加强领导，综合协调，采取措施，使残疾人事业与经济、社会协调发展。国务院和省、自治区、直辖市人民政府，采取组织措施，协调有关部门做好残疾人事业的工作。具体机构由国务院和省、自治区、直辖市人民政府规定。各级人民政府有关部门，应当密切联系残疾人，听取残疾人的意见，按照各自的职责，做好残疾人工作。

第七条 全社会应当发扬社会主义的人道主义精神，理解、尊重、关心、帮助残疾人，支持残疾人事业。机关、团体、企业事业组织和城乡基层组织，应当做好所属范围内的残疾人工作。从事残疾人工作的国家工作人员和其他人员，应当履行光荣职责，努力为残疾人服务。

第八条 中国残疾人联合会及其地方组织，代表残疾人的共同利益，维护残疾人的合法权益，团结教育残疾人，为残疾人服务。残疾人联合会承担政府委托的任务，开展残疾人工作，动员社会力量，发展残疾人事业。

第九条 残疾人的法定扶养人必须对残疾人履行扶养义务。残疾人的监护人必须履行监护职责，维护被监护人的合法权益。残疾人的亲属、监护人应当鼓励和帮助残疾人增强自立能力。禁止虐待和遗弃残疾人。

第十条　残疾人必须遵守法律，履行应尽的义务，遵守公共秩序，尊重社会公德。残疾人应当发扬乐观进取精神，自尊、自信、自强、自立，为社会主义建设贡献力量。

第十一条　国家有计划地开展残疾预防工作，加强对残疾预防工作的领导，宣传、普及优生优育和预防残疾的知识，针对遗传、疾病、药物中毒、事故、灾害、环境污染和其他致残因素，制定法律、法规，组织和动员社会力量，采取措施，预防残疾的发生和发展。

第十二条　对在社会主义建设中做出显著成绩的残疾人，对维护残疾人合法权益、发展残疾人事业、为残疾人服务做出显著成绩的单位和个人，由政府和有关部门给予奖励。

第二章　康　复

第十三条　国家和社会采取康复措施，帮助残疾人恢复或者补偿功能，增强其参与社会生活的能力。

第十四条　康复工作应当从实际出发，将现代康复技术与我国传统康复技术相结合；以康复机构为骨干，社区康复为基础，残疾人家庭为依托；以实用、易行、受益广的康复内容为重点，并开展康复新技术的研究、开发和应用，为残疾人提供有效的康复服务。

第十五条　政府和有关部门有计划地在医院设立康复医学科（室），举办必要的专门康复机构，开展康复医疗与训练、科学研究、人员培训和技术指导工作。各级人民政府和有关部门，应当组织和指导城乡社区服务网、医疗预防保健网、残疾人组织、残疾人家庭和其他社会力量，开展社区康复工作。残疾人教育机构、福利性企业事业组织和其他为残疾人服务的机构，应当创造条件，开展康复训练活动。残疾人在专业人员的指导和有关工作人员、志愿工作者及亲属的帮助下，应当努力进行功能、自理能力和劳动技能的训练。国务院和有关部门分阶段确定康复重点项目，制定计划，组织力量实施。

第十六条　医学院校和其他有关院校应当有计划地开设康复课程、设置康复专业，培养各类康复专业人才。国家和社会采取多种形式对从事康复工作的人员进行技术培训；向残疾人、残疾人亲属、有关工作人员和志愿工作者普及康复知识，传授康复方法。

第十七条　政府有关部门应当组织和扶持残疾人康复器械、生活自助具、特殊用品和其他辅助器具的研制、生产、供应、维修服务。

第三章　教　育

第十八条　国家保障残疾人受教育的权利。各级人民政府应当将残疾人教育作为国家教育事业的组成部分，统一规划，加强领导。国家、社会、学校和家庭对残疾儿童、少年实施义务教育。国家对接受义务教育的残疾学生免收学费，并根据实际情况减免杂费。国家设立助学金，帮助贫困残疾学生就学。

第十九条　残疾人教育，根据残疾人的身心特性和需要，按照下列要求实施：

（一）在进行思想教育、文化教育的同时，加强身心补偿和职业技术教育；

（二）依据残疾类别和接受能力，采取普通教育方式或者特殊教育方式；

（三）特殊教育的课程设置、教材、教学方法、入学和在校年龄，可以有适度弹性。

第二十条　残疾人教育，实行普及与提高相结合、以普及为重点的方针，着重发展义务教育和职业技术教育，积极开展学前教育，逐步发展高级中等以上教育。

第二十一条　国家举办残疾人教育机构，并鼓励社会力量办学、捐资助学。

第二十二条 普通教育机构对具有接受普通教育能力的残疾人实施教育。普通小学、初级中等学校，必须招收能适应其学习生活的残疾儿童、少年入学；普通高级中等学校、中等专业学校、技工学校和高等院校，必须招收符合国家规定的录取标准的残疾考生入学，不得因其残疾而拒绝招收；拒绝招收的，当事人或者其亲属、监护人可以要求有关部门处理，有关部门应当责令该学校招收。普通幼儿教育机构应当接收能适应其生活的残疾幼儿。

第二十三条 残疾幼儿教育机构、普通幼儿教育机构附设的残疾儿童班、特殊教育学校的学前班、残疾儿童福利机构、残疾儿童家庭，对残疾儿童实施学前教育。初级中等以下特殊教育学校和普通学校附设的特殊教育班，对不具有接受普通教育能力的残疾儿童、少年实施义务教育。高级中等以上特殊教育学校、普通学校附设的特殊教育班和残疾人职业技术教育机构，对符合条件的残疾人实施高级中等以上文化教育、职业技术教育。

第二十四条 政府有关部门、残疾人所在单位和社会应当对残疾人开展扫除文盲、职业培训和其他成人教育，鼓励残疾人自学成才。

第二十五条 国家有计划地举办各级各类特殊教育师范院校、专业，在普通师范院校附设特殊教育班（部），培养、培训特殊教育师资。普通师范院校开设特殊教育课程或者讲授有关内容，使普通教师掌握必要的特殊教育知识。特殊教育教师和手语翻译，享受特殊教育津贴。

第二十六条 政府有关部门应当组织和扶持盲文、手语的研究和应用，特殊教育教材的编写和出版，特殊教育教学用具及其他辅助用品的研制、生产和供应。

第四章 劳动就业

第二十七条 国家保障残疾人劳动的权利。各级人民政府应当对残疾人劳动就业统筹规划，为残疾人创造劳动就业条件。

第二十八条 残疾人劳动就业，实行集中与分散相结合的方针，采取优惠政策和扶持保护措施，通过多渠道、多层次、多种形式，使残疾人劳动就业逐步普及、稳定、合理。

第二十九条 国家和社会举办残疾人福利企业、工疗机构、按摩医疗机构和其他福利性企业事业组织，集中安排残疾人就业。

第三十条 国家推动各单位吸收残疾人就业，各级人民政府和有关部门应当做好组织、指导工作。机关、团体、企业事业组织、城乡集体经济组织，应当按一定比例安排残疾人就业，并为其选择适当的工种和岗位。省、自治区、直辖市人民政府可以根据实际情况规定具体比例。

第三十一条 政府有关部门鼓励、帮助残疾人自愿组织起来从业或者个体开业。

第三十二条 地方各级人民政府和农村基层组织，应当组织和扶持农村残疾人从事种植业、养殖业、手工业和其他形式的生产劳动。

第三十三条 国家对残疾人福利性企业事业组织和城乡残疾人个体劳动者，实行税收减免政策，并在生产、经营、技术、资金、物资、场地等方面给予扶持。地方人民政府和有关部门应当确定适合残疾人生产的产品，优先安排残疾人福利企业生产，并逐步确定某些产品由残疾人福利企业专产。政府有关部门下达职工招用、聘用指标时，应当确定一定数额用于残疾人。对于申请从事个体工商业的残疾人，有关部门应当优先核发营业执照，并在场地、信贷等方面给予照顾。对于从事各类生产劳动的农村残疾人，有关部门应当在生产服务、技术指导、农用物资供应、农副产品收购和信贷等方面，给予帮助。

第三十四条 国家保护残疾人福利性企业事业组织的财产所有权和经营自主权，其合法权益不受侵犯。在职工的招用、聘用、转正、晋级、职称评定、劳动报酬、生活福利、劳动保险等方面，不得歧视残疾人。对于国家分配的高等学校、中等专业学校、技工学校的残疾毕业生，有关单位不得因其残疾而拒绝接收；拒绝接收的，当事人可以要求有关部门处理，有关部门应当责令该单位接收。残疾职工所在单位，应当为残疾职工提供适应其特点的劳动条件和劳动保护。

第三十五条 残疾职工所在单位应当对残疾职工进行岗位技术培训，提高其劳动技能和技术水平。

第五章 文化生活

第三十六条 国家和社会鼓励、帮助残疾人参加各种文化、体育、娱乐活动，努力满足残疾人精神文化生活的需要。

第三十七条 残疾人文化、体育、娱乐活动应当面向基层，融于社会公共文化生活，适应各类残疾人的不同特点和需要，使残疾人广泛参与。

第三十八条 国家和社会采取下列措施，丰富残疾人的精神文化生活：

（一）通过广播、电影、电视、报刊、图书等形式，反映残疾人生活，为残疾人服务；

（二）组织和扶持盲文读物、视力残疾人有声读物、聋人读物、弱智人读物的编写和出版，开办电视手语节目，在部分影视作品中增加字幕、解说；

（三）组织和扶持残疾人开展群众性文化、体育、娱乐活动，举办特殊艺术演出和特殊体育运动会，参加重大国际性比赛和交流；

（四）文化、体育、娱乐和其他公共活动场所，为残疾人提供方便和照顾。有计划地兴办残疾人活动场所。

第三十九条 国家和社会鼓励、帮助残疾人进行文学、艺术、教育、科学、技术和其他有益于人民的创造性劳动。

第六章 福 利

第四十条 国家和社会采取扶助、救济和其他福利措施，保障和改善残疾人的生活。

第四十一条 国家和社会对生活确有困难的残疾人，通过多种渠道给予救济、补助。国家和社会对无劳动能力、无法定扶养人、无生活来源的残疾人，按照规定予以供养、救济。

第四十二条 残疾人所在单位、城乡基层组织、残疾人家庭，应当鼓励、帮助残疾人参加社会保险。

第四十三条 地方各级人民政府和社会举办福利院和其他安置收养机构，按照规定安置收养残疾人，并逐步改善其生活。

第四十四条 公共服务机构应当为残疾人提供优先服务和辅助性服务。残疾人搭乘公共交通工具，应当给予方便和照顾；其随身必备的辅助器具，准予免费携带。视力残疾人可以免费乘坐市内公共汽车、电车、地铁、渡船。视力残疾人读物邮件免费寄递。县级和乡级人民政府应当根据具体情况减免农村残疾人的义务工、公益事业费和其他社会负担。各级人民政府应当逐步增加对残疾人的其他照顾和扶助。

第七章 环 境

第四十五条 国家和社会逐步创造良好的环境，改善残疾人参与社会生活的条件。

第四十六条 国家和社会逐步实行方便残疾人的城市道路和建筑物设计规范，采取无障碍措施。

第四十七条 国家和社会促进残疾人与其他公民之间的相互理解和交流，宣传残疾人事业和扶助残疾人的事迹，弘扬残疾人自强不息的精神，倡导团结、友爱、互助的社会风尚。

第四十八条 每年五月的第三个星期日，为全国助残日。

第八章 法律责任

第四十九条 残疾人的合法权益受到侵害的，被侵害人或者其代理人有权要求有关主管部门处理，或者依法向人民法院提起诉讼。

第五十条 国家工作人员违法失职，损害残疾人的合法权益的，由其所在单位或者上级机关责令改正或者给予行政处分。

第五十一条 侵害残疾人的合法权益，造成财产损失或者其他损失、损害的，应当依法赔偿或者承担其他民事责任。

第五十二条 利用残疾人的残疾，侵犯其人身权利或者其他合法权利，构成犯罪的，依照刑法有关规定从重处罚。

以暴力或者其他方法公然侮辱残疾人，情节严重的，依照刑法第一百四十五条的规定追究刑事责任；情节较轻的，依照治安管理处罚条例第二十二条的规定处罚。虐待残疾人的，依照治安管理处罚条例第二十二条的规定处罚；情节恶劣的，依照刑法第一百八十二条的规定追究刑事责任。

对没有独立生活能力的残疾人负有扶养义务而拒绝扶养、情节恶劣的，或者遗弃没有独立生活能力的残疾人的，依照刑法第一百八十三条的规定追究刑事责任。奸淫因智力残疾或者精神残疾不能辨认自己行为的残疾人的，以强奸论，依照刑法第一百三十九条的规定追究刑事责任。

第九章 附 则

第五十三条 国务院有关部门根据本法制定有关条例，报国务院批准施行。省、自治区、直辖市人民代表大会常务委员会可以根据本法制定实施办法。

第五十四条 本法自1991年5月15日起施行。

附录三：各级指导师研修书目

三级定向行走训练指导师研修书目：

1. 祁立刚主编.《视力残疾人定向行走》. 东北师范大学出版社，1992 年版.
2. 王德深，钱志亮，沈剑辉，卢子洲编著.《盲校定向行走课程教师教学用书》. 人民教育出版社，2005 年.
3. 徐白仑主编.《视障儿童家长培训丛书》. 中国盲文出版社，2005 年.
4. 陈梁悦明主编.《定向行走训练手册》. 香港盲人辅导会，2007 年.
5. CBM 中国项目办公室编.《盲人定向行走技能训练图册》. 2006 年.
6. 中国爱德基金会赠阅.《农村盲人定向行走技能训练手册》. 1995 年.
7. 教育部师范教育司组编.《目盲预防及康复》. 人民教育出版社，2001 年.

二级定向行走训练指导师研修书目（除三级定向行走训练指导师研修书目外增加的书目）：

1. 钱志亮著.《视力残疾儿童心理与教育》. 辽宁师范大学出版社，2002 年.
2. 彭霞光著.《视力残疾儿童的教育理论与实践》. 华夏出版社，1997 年.
3. 钱志亮著.《盲人定向行走的科学与艺术》. 中国盲文出版社，2000 年.
4. 程凯主编.《社区康复工作上岗培训教材》. 华夏出版社，2007 年.
5. 钱志亮著.《特殊需要儿童咨询与教育》. 北京师范大学出版社，2005 年.
6. 克里斯·科尔著.《沟通的技巧》. 中央编译出版社，1999 年.
7. 陈梁悦明主编.《视障教育培训教程》. 中国盲文出版社，1999 年.

一级定向行走训练指导师研修书目（除二级定向行走训练指导师研修书目外增加的书目）：

1. 陈亚安，贝维斯主编.《视力残疾人的康复》. 中国残疾人联合会，香港复康会编，2005 年.
2. 杞昭安主编.《定向行动教材教法》. 台湾师范大学特殊教育学系印行.
3. 孙葆忱主编.《低视力学》. 人民卫生出版社，2004 年.
4. 李季平主编.《视障学生心理健康与辅导》. 中国盲文出版社，2005 年.
5. 教育部师范教育司组织编写.《盲童心理学》. 人民教育出版社，2000 年.
6. 高文元主编.《临床听觉生理学》. 人民军医出版社，2004 年.
7. 教育部师范教育司组编.《耳聋预防及康复》. 人民教育出版社，2001 年.
8. 叶立群、朴永馨主编.《特殊教育学》. 福建教育出版社，1995 年版.
9. 钟经华著.《视力残疾儿童教育学》. 华夏出版社，2006 年版.

主要参考文献

[1] 祁立刚主编.《视力残疾人定向行走》. 东北师范大学出版社，1992年版.
[2] 钱志亮著."谈定向",《特殊教育研究》. 1997年第3期.
[3] 钱志亮著."谈行走",《特殊教育研究》. 1998年第1期.
[4] 姚伟著."关于失明者定向行走训练的价值",《现代特殊教育》. 1994年第1期.
[5] 高文元主编.《临床听觉生理学》. 人民军医出版社，2004年.
[6] 教育部师范教育司组编.《耳聋预防及康复》. 人民教育出版社，2001年.
[7] 朴永馨等编著.《缺陷儿童心理》. 科学出版社，1987年.
[8] 钱志亮著.《视力残疾人定向行走的科学与艺术》. 中国盲文出版社，2000年.
[9] 王德深，钱志亮，沈剑辉，卢子洲编著.《盲校定向行走课程教师教学用书》. 人民教育出版社，2000年.
[10] 徐白仑主编.《视障儿童家长培训丛书》. 中国盲文出版社，2005年.
[11] 陈亚安，贝维斯主编.《视力残疾人的康复》. 中国残疾人联合会，香港复康会编.
[12] 康青著.《管理沟通教程》. 立信会计出版社，2000年版.
[13] 克里斯·科尔著.《沟通的技巧》. 中央编译出版社，1999年版.
[14] 钱志亮著."盲校定向行走课程教学",《特殊教育研究》. 1994年第1期.
[15] 沈家英，陈云英，彭霞光主编.《视觉障碍儿童的心理与教育》. 华夏出版社，1992年版.
[16] 教育部师范教育司组编.《盲童心理学》. 人民教育出版社，2000年版.
[17] 李季平主编.《视障学生心理健康与辅导》. 中国盲文出版社，2005年版.
[18] 高理敬著."论特殊教育对象的特点",《岱宗学刊》. 1999年第3期.
[19] 布文锋著."论盲生社会交往障碍及其解决对策",《中国特殊教育》. 2001年第1期.
[20] 王明泽著.《盲校教育学》. 吉林教育出版社，1990年.
[21] 朱智贤著.《儿童心理学》. 人民教育出版社，1981年.
[22] 朴永馨主编.《特殊教育》. 福建教育出版社，1995年.

图书在版编目(CIP)数据

盲人定向行走训练指导师培训教材/沈剑辉主编 .－北京:华夏出版社,2008.4

ISBN 978－7－5080－4612－9

Ⅰ.盲… Ⅱ.沈… Ⅲ.视觉障碍－康复训练－盲人教育－教材 Ⅳ.G761.4

中国版本图书馆 CIP 数据核字(2008)第 039268 号

华 夏 出 版 社 出 版 发 行
(北京东直门外香河园北里 4 号 邮编:100028)
新 华 书 店 经 销
北 京 中 科 印 刷 有 限 公 司 印 刷
三河市李旗庄少明装订厂装订
787×1092 1/16 开本 9.25 印张 207 千字
2008 年 4 月北京第 1 版 2008 年 4 月北京第 1 次印刷
定价:20.00 元

本版图书凡印刷装订错误可及时向我社发行部调换